JOACHIM MOHR, geboren 1962, hat Zeitgeschichte, Deutsche Literatur und Linguistik studiert. Seit 1993 ist er Redakteur beim SPIEGEL, zunächst im Ressort Innenpolitik, inzwischen schreibt er für das Ressort Geschichte. Er ist Autor und Herausgeber mehrerer Bücher, darunter die SPIEGEL/ DVA-Bücher *Das Kaiserreich* (2014), *Die Weimarer Republik* (2015) und *Die Gründerzeit* (2019).

FRANK PATALONG, geboren 1963, studierte Publizistik, Anglistik und Politik in Münster und Bochum. Er begann als freier Journalist bei Hörfunk und Zeitung. Von 1999 bis 2011 war er Leiter der Netzwelt von SPIEGEL ONLINE. Seit 2019 gehört er zum Ressort SPIEGEL Geschichte.

EVA-MARIA SCHNURR, geboren 1974, ist seit 2013 Redakteurin beim SPIEGEL und verantwortet seit 2017 die Heftreihe SPIEGEL GESCHICHTE. Zuvor arbeitete die promovierte Historikerin als freie Journalistin, unter anderem für *Zeit* und *Stern*. Sie ist Herausgeberin zahlreicher SPIEGEL-Bücher, unter anderem *Englands Krone* (2014), *Als Deutschland sich neu erfand* (2019) und *Die Welt des Adels* (2021).

Außerdem von Joachim Mohr und Eva-Maria Schnurr lieferbar:

Die Welt des Adels
Die Macht der Geheimdienste
Die Gründerzeit
Als Deutschland sich neu erfand
Das Christentum
Das Kaiserreich
Die Weimarer Republik
Englands Krone

Besuchen Sie uns auf www.penguin-verlag.de und Facebook.

JOACHIM MOHR,
FRANK PATALONG,
EVA-MARIA SCHNURR (HG.)

DEUTSCHLAND IN DEN GOLDENEN ZWANZIGERN

**Von schillernden Nächten
und dunklen Tagen**

Mit Beiträgen von
Nathalie Boegel, Markus Deggerich, Fiona Ehlers,
Hauke Friederichs, Jan Friedmann, Till Hein,
Katja Iken, Nils Klawitter, Uwe Klußmann,
Ulrike Knöfel, Joachim Mohr, Bernd Oswald,
Frank Patalong, Hannah Pilarczyk, Kristin Platt,
Eva Thöne, Andreas Unger

PENGUIN VERLAG

Die Texte dieses Buches sind erstmals in dem Magazin
Die 20er Jahre. Zwischen Exzess und Krise –
Wie ähnlich sich damals und heute sind (Heft 1/2020) aus der Reihe
SPIEGEL Geschichte erschienen.

Penguin Random House Verlagsgruppe FSC® N001967

2. Auflage
Copyright © 2021 by Penguin Verlag, München,
in der Penguin Random House Verlagsgruppe GmbH,
Neumarkter Straße 28, 81673 München
und SPIEGEL-Verlag Rudolf Augstein GmbH, Hamburg,
Ericusspitze 1, 20457 Hamburg
Umschlag: Hafen Werbeagentur, Hamburg
Umschlagmotiv: ©ClassicStock/akg-images/American Stock
Satz: Greiner & Reichel GmbH, Köln
Druck und Bindung: GGP Media GmbH, Pößneck
Printed in Germany
ISBN 978-3-328-10683-8
www.penguin-verlag.de

INHALT

ANHANG

VORWORT

Schließen Sie die Augen und denken Sie an die 1920er Jahre: Was sehen Sie? Junge, selbstbewusste Frauen mit Kurzhaarschnitten und langstieligen Zigarettenhaltern, daneben dandyhafte Kavaliere mit Schnurrbart? Sicher haben Sie die glitzernde Nachtclub-Atmosphäre vor Augen. Vielleicht sehen Sie eine Bühne, auf der ein Charmeur mit pomadisiertem Haar von »Wochenend und Sonnenschein« singt. Oder Sie denken an einen Auftritt von Josephine Baker!

Natürlich sind das Klischees, aber sie haben einen wahren Kern. Die wilden 1920er Jahre gab es tatsächlich, wenn auch nicht überall und nicht für jeden: Für die Franzosen waren sie das »verrückte« Jahrzehnt, Italiener und Angelsachsen nennen sie gar die »brüllenden« Jahre. Und in Deutschland, das soeben einen katastrophalen Krieg verloren hatte und wirtschaftlich am Boden lag, verbuchte man die kurze Epoche als »golden«. »Ein revolutionäres Jahrzehnt«, sagt der Historiker Daniel Schönpflug, »sicher unruhig, aber voller Ideen, Hoffnungen und Möglichkeiten.«

In diesem Buch zoomen wir ganz tief hinein in die 1920er Jahre, diese kurze, aber intensive Epoche tiefgehender Veränderungen, des Aufbruchs und der Gegensätze. Mit der Weimarer Republik war die erste deutsche Demokratie gegründet, die Wirtschaft erlebte einen Aufschwung, und nach den traumatischen Kriegsjahren nutzte vor allem die junge Generation die Gelegenheit zu feiern, nicht zuletzt auch die Tatsache, dass sie überhaupt noch lebte. In nostalgischer Rückschau ist es vor allem der Glamour dieser neuen, freieren Lebensart, den wir mit den 1920ern verbinden. Gleichzeitig veränderten technische Innovationen wie Autos oder Staubsauger den Alltag rapide. Frauen durften nun wählen und gewählt werden, sie eroberten sich Einfluss in Gesellschaft und Politik. Zeitungen, Bücher und Kinofilme brachten als Massenmedien neue Ideen und den Traum von der Zukunft unter die Leute. Mit kleinen Kameras ließ sich der moderne Alltag nun auch festhalten und Architekten verwirklichten ihre gesellschaftlichen Utopien in ganzen Stadtvierteln.

Doch die 1920er hatten auch dunkle Seiten, gerade in Deutschland. Der Alltag der Massen war von Armut geprägt, Kriegsversehrte fanden nur schwer zurück in den Frieden. Kriminelle baten ihre Opfer mit gewaltbereitem Nachdruck zur Kasse – und gründeten Organisationen, mit denen sie ihre Aktivitäten tarnten. Auf dem Land war von Aufbruch und technischer Innovation keine Rede, dort fühlte man sich abgehängt von den Entwicklungen in den Städten. Die immer krasseren Gegensätze verschärften soziale Spannungen.

Der Kollaps der alten Ordnung schuf Raum für neue Ideologien, die oft aggressiv nach Durchsetzung strebten. Attentate und politische Gewalt gehörten zum Instrumentarium, mit dem eine im Krieg verrohte Generation ihre Konflikte austrug. Auch das waren die 1920er: eine oft düstere, hungrige, brutale Zeit.

In diesem Buch blicken unsere Autoren und Autorinnen auf all diese Extreme, auf die nächtlichen Exzesse und auf die schwelende Krise. Vor allem aber blicken wir auf den Alltag der Menschen dieser Epoche – oben und unten, in der Stadt und auf dem Land. Wir wollten wissen, wie es war wirklich war, in den Zwanzigern zu leben. Was veränderte sich? Was bedeutete das für den Einzelnen? Und wir fragten uns, wie der so hoffnungsvolle Aufbruch einer lebenshungrigen Generation am Ende derart scheitern konnte.

Dieses Buch ist ein Zeitporträt, das über die üblichen Klischees hinausgeht. Für uns war das Eintauchen in die 1920er spannend und ab und zu auch erschreckend, oft erhellend und mitunter sehr erheiternd. Es würde uns sehr freuen, wenn es Ihnen ähnlich ginge.

Hamburg, im Mai 2021

Joachim Mohr, Frank Patalong und Eva-Maria Schnurr

> *»Ich bin Babel, die Sünderin, das Ungeheuer unter den Städten ... Das Berliner Nachtleben, Junge-Junge, so was hat die Welt noch nicht gesehen! Früher mal hatten wir eine prima Armee, jetzt haben wir prima Perversitäten! Laster noch und noch! Kolossale Auswahl! Es tut sich was, meine Herrschaften! Das muss man gesehen haben!«*

Klaus Mann, Sohn des Nobelpreisträgers
Thomas Mann, in seiner Autobiografie
»Der Wendepunkt« über die Zwanzigerjahre

BERLIN BEI NACHT

Glamour, Boheme und Sündenpfuhl – in den Zwanzigern galt die deutsche Hauptstadt als eine der aufregendsten Städte der Welt. Zu Recht?

Von Fiona Ehlers

Es ist dieser Geruch nach damals, der einem schon an der Kneipentür in die Nase steigt. Ein Geruch nach Zigarrenrauch, Bier vom Fass, nach Schmalzstulle und

Solei. »Wilhelm Hoeck« ist eine dieser Kleine-Leute-Kneipen im Berliner Westen, sie existiert seit 1892. Draußen rauscht der Berliner Feierabendverkehr, drinnen hängt an einer vergilbten Wand ein Foto des damaligen Gastwirts, bullig und beschnauzt wie der olle Friedrich Ebert, Reichspräsident, und an derben Holztischen stehen mittelalte Herren, heben ihre Biergläser und rufen »Hoch die Mollen!«, als hätte Zille sie dort hingezeichnet und hundert Jahre stehen gelassen.

Es dämmert, als Stadtführer Arne Krasting den Laden in Charlottenburg betritt, ein langer Lulatsch Mitte vierzig. »Eine gute Grundlage schaffen«, sagt er, küsst die Hand und bestellt Eisbein auf Erbspüree und ein paar Schnäpse. Auch Arne Krasting wirkt wie aus der Zeit gefallen, Schiebermütze, Knickerbocker, Studentenbrille. Krasting ist Historiker mit eigenem Stadtführungsunternehmen; »Zeitreisen« hat er es genannt. Er zeigt Besuchern das Berlin der Zwanzigerjahre, immer mehr wollen die Drehorte der Serie »Babylon Berlin« besuchen. Das einzig Moderne an Krasting ist das Tablet im Rucksack, das er von Zeit zu Zeit herauszieht, um vor Ort Filmausschnitte, Fotos, Reklame von einst zu zeigen sowie Zitate zum Besten zu geben. Krasting sagt, er hätte gern gelebt zu jener Zeit, sein liebstes Buch vom damaligen Berlin sei »Fabian« von Erich Kästner.

Betrachtet werden soll das Berliner Nachtleben, um eine Vorstellung zu bekommen, wie die goldenen

Zwanzigerjahre gewesen sein könnten. Tatsächlich so wild und zügellos, so ausschweifend wie ihr Ruf? »Es ist nicht mehr viel übrig«, sagt Krasting, »fast alle maßgeblichen Gebäude und Etablissements von damals haben die Nazis, hat der Zweite Weltkrieg zerstört.« Aber es gibt Zeugnisse, vor allem Berichte aus einem Reiseführer der Zwanzigerjahre. In dieser Nacht wird Krasting oft aus ihm zitieren. Der »Führer durch das lasterhafte Berlin« von Curt Moreck, verfasst Ende der Zwanziger, als Geheimtipp für Millionen Berlinbesucher, ist Krastings beste Quelle. Für Moreck, hinter dem Namen versteckte sich der Schriftsteller Konrad Haemmerling, waren alte Bauwerke und Sehenswürdigkeiten schon damals bloß »mumifiziertes Gestern« und »Meilensteine der Langeweile«. Moreck erzählte lieber von Leidenschaften und Süchten. Sein Buch ist eine Art Sittenkunde, die in damalige Mokkadielen führt, auf den Schwulenstrich, in Travestielokale, Hinterhofbordelle und Unterweltspelunken – also das pralle Berliner Leben schildert, »das erst nach Sonnenuntergang erwacht, mit Lichtgirlanden den Nachthimmel anglüht oder sich auch im Dunkeln verbirgt«.

Was er bei Moreck nicht finden kann, zieht Krasting aus dem 2011 erschienenen Bildband »Sündiges Berlin« von Mel Gordon, US-Professor für Theaterwissenschaften aus Berkeley, der ein Verzeichnis der wichtigsten erotischen Läden und Aktivitäten der damals »sehr liberalen« Stadt erarbeitet hat.

Hell und laut und schlaflos muss Berlin in den Zwanzigerjahren gewesen sein. Unaufhörlich feierte es gegen den Untergang an und gegen die Dunkelheit. »Bin jetzt acht Tage in Berlin«, schrieb der französische Maler Fernand Léger, »habe nichts von der Nacht bemerkt. Licht um sechs Uhr, um Mitternacht, um vier Uhr, unaufhörlich Licht.« Berliner Nächte muss man sich erleuchtet vorstellen, voller Menschen und tosendem Verkehr, hupenden Automobilen, Omnibusse und Straßenbahnen, die wie erleuchtete Schlangen durch die Nacht zischten. Um 1920, als die bis dahin selbstständigen Städte Charlottenburg und Schöneberg eingemeindet wurden, war Berlin ein Viermillionenmoloch, Europas größte Industriestadt und nach London und New York die drittgrößte Metropole der Welt. Der Krieg war verloren, es galt, sich neu zu erfinden. Die Lust auf Aufbruch und Austoben war enorm, als hätten die Menschen viel nachzuholen. Vielleicht ahnten sie auch, dass es bald vorbei sein würde mit Jux und Dollerei.

Plötzlich war Berlin keine Residenzstadt mehr. Das Land war nun Republik, Berlin eine offene Stadt. Man schlug die alten Stuckgirlanden von den Hausfassaden und schraubte Reklametafeln aufs Dach, alles schien nun möglich. Für einen Moment, weniger als ein Jahrzehnt lang, war Berlin eine Welthauptstadt, zog internationale Intellektuelle und Künstler wie ein Magnet an. Eine junge Demokratie entstand, die Idee eines

Nebeneinanders der Völker und Ideologien. Eine vielfältige, freie Presse sorgte für so etwas wie Debattenkultur. All das trieb Menschen zu kreativen Höchstleistungen an: Bertolt Brechts »Dreigroschenoper« entstand in diesen Jahren, Alfred Döblins »Berlin Alexanderplatz«, die Chansonnette Claire Waldoff trällerte: »Wer schmeißt denn da mit Lehm, der sollte sich was schäm'«. Anita Berber tanzte nackt und kokste sich zu Tode, Marlene Dietrich aus Berlin-Schöneberg war die »fesche Lola, der Liebling der Saison«, Otto Dix, George Grosz, Walter Benjamin, Erich Kästner! In den Jahren zwischen 1920 bis zur Weltwirtschaftskrise 1929 erlebte Berlin seinen »Weltaugenblick«, so nennt es Jens Bisky in seiner 2019 erschienen »Biographie einer großen Stadt«.

Und doch waren die Zwanziger auch ein düsteres Jahrzehnt, »nur kurz golden und gewiss nicht für alle«, sagt Krasting. Die Reparationszahlungen des Versailler Vertrags drückten auch die Hauptstädter, die Inflation von 1923 zerstörte Existenzen. Danach kam die Reichsmark, es gab einen kurzen Aufschwung, den viel beschworenen Tanz auf dem Vulkan. Trotzdem war die Not der Menschen vor allem des Nachts sichtbar, wenn Hunderttausende Arbeitslose ans Licht krochen, um etwas zu beißen zu besorgen.

Trude Hesterberg, Kabarettstar aus der »Wilden Bühne« und Geliebte Heinrich Manns, notierte in ihren Memoiren: »Bettelnd standen diese Menschen mit

Überspannt? I wo! Dit is Balin! Schlangenfrau in einem Gasthaus.

ihren ausgehungerten Kindern an den Ausgängen der Bars und der Tanzdielen, die wie giftige Pilze aus dem Boden schossen. Alles wurde kürzer, die Haare, die Kleider, die Liebe, der Schlaf!« Wie erlebte der Durchschnittsbürger die Berliner Nächte? Das sei es, sagt Krasting, was seine Gäste vor allem interessiere. Wie frei war sie wirklich, die Liebe? Und gab es auch Drogen?

Der Aufstieg des Berliner Kurfürstendamms zum Vergnügungsboulevard begann, als sich 1907 die Pforten des »Kaufhauses des Westens« öffneten, noch heute als KaDeWe berühmt. Ein paar Straßenblocks weiter westlich bis hinauf nach Halensee avancierte der Ku'damm zum Schaufenster der Stadt – und auf Schau kam es damals an. Er war der »hellste Stern der Stadt«, notierte Curt Moreck. Hier werde all das befriedigt, was »Menschen im 20. Jahrhundert an Bedürfnissen und Genüssen zu befriedigen« hätten: »Schon ein Bummel unter Lichtreklamen ist wie eine lebendige Dusche, gibt Spannkraft, Lebensfreude, gibt Hoffnung auf Abenteuer und Sensationen. Der Berliner braucht sie als Nervenpeitsche wie der Süchtige seine Spritze.«

Hier also begann die Berliner Nacht, meist schon zum damals so beliebten Fünfuhrtee: Es ging um Zerstreuung, Betäubung und Vergessen. Man flanierte unter Platanen, glühte vor in den vielen Straßencafés und Spelunken, reihte sich ein in die Menschenschlangen vor den Lichtspielhäusern. »Damals war der Ku'damm vor allem Kino«, sagt Stadtführer Krasting, so etwas wie die Spielwiese des jungen Mediums Film. 1929 gab es knapp 400 Kinos in Berlin mit Platz für 150000 Zuschauer. Wer tagsüber am Fließband gestanden hatte bei Siemens, Osram oder Borsig, ließ sich abends für 30 Pfennig in einen Samtsessel fallen und schaute Charlie Chaplins »Goldrausch«, »Das Cabinett des Dr. Caligari« oder Filme, in denen Berlin die Hauptrolle spielt: »Metropolis« oder »Berlin – Sinfonie einer Großstadt«.

Stadtführer Krasting zeigt auf den jüngst renovierten »Alhambra«-Palast, Ecke Adenauerplatz, ab

1922 eines der Uraufführungskinos des Tonfilms. Die
»Filmbühne Wien«, ein paar Straßenzüge weiter Rich-
tung Zoo, war eines der bekannten Premierenkinos.
Stumm- und Tonfilmstars wurde hier der rote Teppich
ausgerollt, Gaffer lockte es in die umliegenden Cafés.
Heute wird hier anderen Göttern gehuldigt, heute stellt
Computerriese Apple seine Ware aus wie in einem mo-
dernen Großstadttempel.

Dort hingegen, wo heute Tommy Hilfiger Freizeit-
mode verkauft, befand sich in den Zwanzigern das
»Nelson-Theater«. In der Silvesternacht 1925, ein Jahr
vor Aufhebung des allgemeinen Tanzverbots, trat dort
eine hüftschwingende, Grimassen schneidende Josephine Baker auf. »Ihr Popo, mit Respekt zu vermel-
den, ist ein schokoladener Grießflammerie der Beweg-
lichkeit«, schwärmte damals ein Kritiker. »Baker war
Stadtgespräch, Berlin trug sie auf Händen«, sagt Stadtführer Krasting und läuft weiter den Ku'damm entlang,
im Volksmund einst auch »polnischer Korridor« genannt, wegen der vielen Flüchtlinge aus dem russischen
Zarenreich.

Unweit der Gedächtniskirche, wo sich heute der
Mercedes-Stern auf dem Dach des Europa-Centers
dreht, traf sich damals die Literatenszene im »Romani-
schen Café«. Laut Moreck tagte hier die »Nationalversammlung der deutschen Intelligenz«: Hätte man eine
Handgranate hineingeworfen, hätte es das Ende der Literatur bedeutet. Else Lasker-Schüler soll hier Speise-

karten für Touristen signiert und der galizische Jude
Billy Wilder an Drehbüchern gearbeitet haben, bevor
er sich nächtens für 150 Mark Monatslohn als Eintän-
zer im »Hotel Eden« um alleinstehende Damen kümmerte. Hier war es auch, wo der Maler Otto Dix die
Journalistin Silvia von Harden an einem der Marmorti-
sche verewigte, wie sie mit strengem Monokelblick das
Treiben betrachtet. Erich Kästner, zitiert Stadtführer
Krasting, beschrieb das Café allerdings eher spöttisch
als »Wartesaal der Talente«: »Es gibt Leute, die hier
seit zwanzig Jahren Tag für Tag auf Talent warten.«

Ein paar Schritte weiter, am Wittenbergplatz, re-
zitiert Krasting das kürzeste ihm bekannte Gedicht:
»Nachts! Tauentzien! Kokain! Det is Berlin!« Der Platz
vor dem KaDeWe war einer der Drogenumschlagplät-
ze. An Litfaßsäulen notierten fliegende Händler per
Zahlencode, wo und wann sie welchen Stoff verkauften. Hier soll der spätere Dramatiker Carl Zuckmayer
mit Bauchladen gestanden und »Zigaretten!« geflüs-
tert haben. Gemeint war natürlich Kokain, eine zunehmend populäre Sünde, die legal nur mit ärztlichem Re-
zept zu haben war.

Beliebtes Accessoire bei Berliner Damen war ein
Döschen, aus dem sie mit Kartoffelmehl gestrecktes
Kokain von Löffelchen in die Nase zogen. In den Kran-
kenakten der Charité fand sich damals nicht selten der
Befund »Cocainismus«. Chinesische Händler verkauf-
ten in der Kantstraße bräunliche Opiumkugeln, und

Anita Berber soll weiße Rosenblätter in ein Gemisch aus Äther und Chloroform getunkt und gefrühstückt haben. Strikte Drogenverbote gab es vor 1930 kaum.

Je weiter östlich man sich vom Kurfürstendamm bewege, desto mehr sei Berlin »als Hauptstadt des Lasters erkennbar«, notierte Curt Moreck in seinem Reiseführer. Natürlich existierte käufliche Liebe auch vor der Weimarer Republik, aber nach dem verlorenen Krieg schien auch der Durchschnittsberliner einem erotischen Taumel zu verfallen. Das lag an der Emanzipation der Frau sowie der wissenschaftlichen Erforschung des Körpers durch Magnus Hirschfeld, dem »Doktor Sommer des 20. Jahrhunderts«, wie Arne Krasting ihn nennt, und dessen »Institut für Sexualwissenschaften« im Tiergarten. Das lag aber auch an einer neuen Gier auf Leben und Lust, an einer neuen Nacktkultur und daran, dass in den Zwanzigern die nächtliche Sperrstunde sowie das Tanzverbot aufgehoben wurden.

Berlin war auf einmal auch billiges Pflaster für vergnügungssüchtige Ausländer. Zu Hunderttausenden strömten ab 1923 devisenstarke Amerikaner, Franzosen, Türken, Japaner an die Spree auf der Suche nach käuflichem Sex. Zettelchen wurden verteilt mit Kontaktanzeigen wie: »4 Russinnen in prachtvoll neuen Costumen« oder »Die Mieze ist da! Kronen-Str. 2«. Einschlägige Adressen ließen sich in Zeitschriften nachlesen oder im Buch »Was nicht im Baedeker steht« von 1927.

»Dem fidelen Ausländer musste es erscheinen, als würde Berlin einen Räumungsverkauf von Menschenfleisch veranstalten«, schreibt US-Professor Mel Gordon in »Sündiges Berlin« und rechnet vor: Im Inflationsjahr 1923 musste der Berliner für Oralverkehr 65 Millionen Mark berappen, der Ausländer, dank Wechselkurs, nur den Gegenwert von 30 Pfennig. So hätten Familien, um die Haushaltskasse aufzubessern, ihre Töchter zum Kauf angeboten, oder die Mutter ging gleich mit der Tochter im Schlepptau auf den Strich.

»Im Lichtfeld der KaDeWe-Schaufenster erfüllen Spezialisten erotische Sonderbedürfnisse«, heißt es bei Moreck. Er zählte damals 50 000 bis 100 000 Prostituierte sowie 35 000 Strichjungen. Anders als Amsterdam, Paris oder Hamburg hatte Berlin kein ausgewiesenes Rotlichtviertel. Gehurt wurde überall. Berlin galt als schamlos, triebgesteuert, und nur ein paar Jahre später verunglimpften es die Nazis als Sündenbabel.

Gordon benennt 20 verschiedene Typen von Prostituierten: allen voran das selbstbewusste »Tauentzien-Girl«, Bordsteinschwalbe mit Bubikopf und Berliner Schnauze; der »Grashupfer«, Straßendirne im Tiergarten; die »Münzis«, schwangere Huren in der Münzstraße; »Steinhuren«, versehrte Frauen mit Buckel oder amputierten Gliedmaßen sowie »Telefonmädchen«, Minderjährige, als Lilian Harvey zurechtgemacht, die der pädophile Kunde per Anruf bestellte.

Zudem gab es jede Menge »Halbseidene«, Gelegen-
heitshuren, die ihren Lohn als »Tippmamsell« oder
Verkäuferin aufbesserten und den rund 10 000 regis-
trierten »Kontrollmädchen« Konkurrenz machten.
Unter den männlichen Prostituierten unterscheidet
Gordon zwischen »Bösen Buben« in Lederkluft und
knabenhaften »Puppenjungs« mit einem Augenauf-
schlag wie der Schauspieler Rudolph Valentino, einer
der Stars der Stummfilmzeit.

In einer Seitenstraße steht Krasting jetzt vor einer
der wenigen noch erhaltenen Fassaden der Neuen
Sachlichkeit, heute Sitz des Ellington Hotels. Damals
lockte hier der Ballsaal »Feminia-Palast« mit atembe-
raubender Technik: Das Tanzparkett ließ sich heben
und das Dach öffnen, man tanzte unter freiem Himmel
über Berlin. An Tischtelefonen ließen sich Gäste mit
der oder dem Auserwählten ein paar Tische weiter verbinden oder schickten per Rohrpost kleine Aufmerk-
samkeiten.

Für spätere Stunden gab es Separees, sogenannte
Knutschlogen. Es muss hier so zugegangen sein wie in
dem berühmten Großstadt-Triptychon von Otto Dix.
Nur waren die Frauen hübscher: Modisch hatte sich
die Berlinerin aus Korsett und Unterrock befreit, trug
jetzt Bein und Nähte an den Strümpfen. Der Rocksaum
war fünf Zentimeter übers Knie gerutscht, das Hänger-
kleid schwang im Takt des Charleston oder Shimmy.
Ihren Mund lackierte sie rot und in Herzform, auf ih-

Leicht bekleidet: Darstellerinnen, mehr oder weniger kunstvoll inszeniert (1925).

ren Flapper-Locken saß ein weicher, eng anliegender Topfhut. Am nächsten Morgen ging sie meist arbeiten – wie rund 40 Prozent aller Berlinerinnen damals.

Heute geht es unter Arne Krastings Regie mit dem Nachtbus weiter zum Nollendorfplatz – seit den Zwanzigern der Kiez für homosexuelle Nachtfalter. Zeitzeuge Curt Moreck schätzte, dass es damals bereits 80 bis 100 Etablissements für Schwule gab. Detailversessen berichtet er von Matrosenfesten oder von Männern, die als Henny Porten oder Asta Nielsen auf Tuntenbällen schwoften.

Nicht sehr viel geringer muss die Anzahl von »Lesbos-Filialen« in Berlin gewesen sein: Im »Toppkeller«, einer Abschlepptauschbörse für Frauen, verkehrten prominente Garçonnes und spielten »Lesben-Lotterie«, Einlass nur in männlicher Verkleidung. Weiter östlich in der Auguststraße konnte man Witwenbälle in »Clärchens Ballhaus« abhalten, eine Art Dorfbums fürs einfache Frauenvolk, das seine Soldatenmänner zu betrauern hatte. »Clärchens« im heutigen Berlin-Mitte stammt aus dem Jahr 1913 und ist eines der ganz wenigen noch zugänglichen Etablissements, in dem wie früher getanzt, gefeiert und an damals erinnert wird.

Stadtführer Krasting bleibt jetzt vor einem Haus in der Nollendorfstraße 17 stehen. Dort wohnte von 1929 an einer, der in gewisser Weise mitschuldig war an der Legende vom wilden Berlin der Zwanziger. Einer jener frühen Sextouristen, wenn man so will, der sich das dekadente Berliner Nachtleben leisten konnte. Christopher Isherwood war ein britisch-amerikanischer Homosexueller, eine Gedenktafel am Hauseingang erinnert an ihn. Mit seinem autobiografischen Roman »Goodbye to Berlin« schuf er die Vorlage für das Musical »Cabaret«, das in den Siebzigern durch die Verfilmung mit Liza Minelli weltberühmt wurde. Isherwood lebte bis 1933 in Berlin und hat die Vorboten des »Dritten Reichs« miterleben müssen: Nur ein paar Häuser neben seiner Wohnung fand 1930 im Kino »Mozartsaal« eines der ersten Pogrome statt. Ein Nazirollkommando störte die Premiere des Antikriegsfilms »Im Westen nichts Neues« mit Stinkbomben und »Judas verrecke«-Rufen. Nach mehrtägigen Straßenschlachten wurde der Film verboten – das Ende von Demokratie und Weimarer Republik war eingeläutet.

Der Ritt durch die Nacht führt nun weiter ostwärts, die Potsdamer Straße entlang Richtung Mitte. Stadtführer Krasting berichtet vom Sportpalast, in dem eine Veranstaltung stattfand, die jährlich zu den Höhepunkten der Hauptstadtereignisse gehörte: das Sechstageradrennen zur Belustigung von Reich und Schön und Unterwelt. »Es ist ein Sechstagerennen des Nachtlebens«, hatte der rasende Reporter Egon Erwin Kisch ein Rennen beschrieben: »Von morgens bis mitternachts ist das Haus voll, und von mitternachts bis morgens ist der Betrieb noch toller. Im Innenraum sind zwei Bars mit Jazzbands, ein Glas Champagner kostet dreitausend Papiermark, eine Flasche 20 000 Papiermark. Nackte Damen in Abendtoilette sitzen da, Verbrecher in Berufsanzug (Frack und Ballschuhe), Chauffeure, Neger, Ausländer, Offiziere und Juden. Wenn der Spurt vorbei ist, verwendet man die Aufmerksamkeit nicht mehr auf die Kurve, sondern auf die Nachbarin, die auch eine bildet.«

Ziel von Millionen Nachtfaltern in den Zwanzigern, vor allem aber beliebt bei Berlintouristen, war das »Haus Vaterland« keinen Kilometer weiter am Potsdamer Platz. Auch hier war Berlin seiner Zeit voraus und sehr international: Das Haus war ein Amüsierpalast für 6000 Gäste mit zwölf Themenrestaurants aus aller Welt: Natürlich gab es ein Löwenbräu mit Jodelchor und Kellnerinnen im Dirndl, daneben eine spanische Bodega, einen Wildwestsaloon, eine japanische Teestube und als Riesenattraktion eine Rheinlandschaft mit See, auf dem Bötchen unter Burgruinen schipperten und einmal pro Stunde ein künstliches Gewitter aufzog – bevor wieder Sonne samt Regenbogen erstrahlte.

Stadtführer Krasting hält jetzt vorm Admiralspalast, mitten im damaligen Theater- und Revuebezirk an der Friedrichstraße. Der Palast ist wieder in Betrieb, im Dezember 2019 begann hier die Tanzshow »Berlin, Berlin« ihre Tour durch die Republik – eins von vielen populären Events, die noch heute an die Zwanzigerjahre erinnern.

Während damals der Westen Kino, leichte Damen und queere Bars zur Zerstreuung bot, zog man nachts in den Berliner Osten, um eines der 30 Sprechtheater zu besuchen oder eines der mehr als hundert Varietés, Kabaretts oder Tanzrevuen. Berliner Theater waren damals wegbereitend, Künstler wie Leopold Jessner oder später Gustaf Gründgens vollbrachten Bahnbrechendes im Staatstheater am Gendarmenmarkt. Max Reinhardt und Berlins erste Boygroup, die Comedian Harmonists, begannen ihre Weltkarrieren im Großen Schauspielhaus. Gegenüber, im Theater am Schiffbauerdamm, wurde 1928 die »Dreigroschenoper« uraufgeführt, dort wird sie bis heute gespielt.

Exotik für die Preußen: Tiroler Schuhplattler und marokkanische Bauchtänzerinnen in der Revue »Für Dich« im Großen Schauspielhaus (1925).

Gegen diese Jahrhundertbühnen wirkten die damaligen Revuen im Admiralspalast und der Komischen Oper wie gefällige Schenkelparaden, belächelt von den Großkritikern Alfred Kerr, Alfred Polgar und auch von Erich Kästner, der sich lustig machte über »das ewig gleiche Beinerlei«. Chronist Moreck schrieb in seinem Laster-Führer: »Hier sind Kaskaden nackten Frauenfleisches unter Scheinwerferstrahlen über die Bühne geworfen worden, gegen die die Fleischesherrlichkeit von Rubens ›Jüngstem Gericht‹ verblasst.« Trotzdem waren diese Tanzshows allabendlich ausverkauft und ein Wahrzeichen des vergnügungssüchtigen, sexy Berlin.

Wenn Berlins Kinoviertel am Ku'damm lag, so war die Friedrichstraße der Broadway von Berlin, sehr amerikanisch und gemacht für ein Massenpublikum.

Für Curt Moreck hatte dieser Stadtteil im Osten schon in den Zwanzigerjahren den Zenit überschritten. Das echte Nachtleben liege im Westen, schrieb er, im Osten hingegen werde »mit billigem Aufwand die Komödie vom Sündenbabel Berlin« gegeben. Alles nicht mehr typisch, sondern ein Abklatsch für Touristen, die damals in Kaschemmen wie »Hundegustav« geschleppt wurden oder ins »Sing-Sing«, wo ihnen Kellner in Sträflingskleidung Essen in Blechnäpfen servierten.

Arne Krasting widerspricht seinem damaligen Kollegen: Beide Seiten Berlins, die schillernde und die sündige, beide Stadtteile gehörten zur Berliner Nacht und wurden frequentiert. Wenige Jahre später lag alles in Schutt und Asche. Viele derer, die Berlins goldene Jahre vergoldet hatten, waren geflohen oder im Gas gestorben. Berlin war eingemauert und wieder, manche sagen bis heute: Provinz.

Im Vergleich zu damals, diesen Eindruck gewinnt man durchaus, ist das Berliner Nachtleben von heute weniger bunt und verrückt. Trotzdem strömen Besucher aus aller Welt mit Billigfliegern übers Wochenende in den sexuell freizügigen KitKatClub oder ins Berghain. Und wieder faszinieren die Zwanziger, »dieses Sehnsuchtsjahrzehnt«, so nennt es Krasting, das könne kein Zufall sein. Es gibt Charleston-Tanzwettbewerbe,

Bohème-Sauvage-Partys, das Babylon-Kino neben der Volksbühne spielt Stummfilme mit Liveorchester, und die Serie »Babylon Berlin« ist ein Welterfolg und wird in vierter Staffel fortgesetzt.

Stadtführer Arne Krasting hat darin eine Komparsenrolle und führt einmal pro Woche Berlinbesucher an Drehorte wie etwa das Rote Rathaus. Sein letzter Halt ist meist das »Ballhaus Berlin« in der Chausseestraße. Manchmal wagen seine Gäste den Vergleich von damals und heute, »beides heikle Zeiten«, sagt Krasting. Sie fragten sich, warum wieder so wenig Vertrauen in die Politik bestehe, warum rechte und linke Ränder wieder erstarkten.

Dass Wachsamkeit geboten sei, sagt Krasting, darin seien sich alle einig. Und dann werfen sie einen Blick in den Ballsaal, wenn etwa das »Kabarett der Namenlosen« probt. Auch hier sieht es aus, als sei die Zeit stehen geblieben. Vergoldeter Stuck, Tischtelefone, Fummel, Federboa und viel nackte Haut – ein Rausch wie damals, in einer Stadt, die so viele Katastrophen erlebt hat und jetzt einfach nur feiern will: sich selbst, die Freiheit der Kunst und der Körper.

DIE SCHARFE KABARETTISTIN
TRUDE HESTERBERG

Sie war ein Multitalent, trat in Stumm- und Tonfilmen auf, sang in Opern und Operetten, trug Lieder von Kurt Tucholsky und Erich Kästner vor. Berühmt wurde Trude Hesterberg insbesondere als Kabarettistin, 1921 gründete sie die »Wilde Bühne«, eines der ersten politisch-literarischen Kabaretts in Berlin. »Groß, schlank und kapriziös steht sie da. Scharf, in jeder Bedeutung des Wortes, auf der Schneide zwischen Dame und ›Dame‹«, schrieb der deutsch-britische Journalist und Schriftsteller Pem. Mit dem verheirateten Schriftsteller Heinrich Mann hatte sie eine Affäre.

DIE SÜCHTIGE LEBEFRAU
ANITA BERBER

Der Schriftsteller Klaus Mann schrieb 1930, zwei Jahre nach Berbers frühem Tod: »Sie war sehr mutig und brauchte den Skandal wie ihr tägliches Brot.« Bei ihren modernen und provokanten Tänzen trat sie oft nackt auf und rief damit immer wieder Tumulte im Publikum hervor. Keine andere Frau galt als so verrucht, schamlos und faszinierend wie sie. Sie trank Unmengen Alkohol, konsumierte exzessiv Kokain und war in Schlägereien verwickelt. Ausgezehrt von ihrem

Drogenmissbrauch, starb Anita Berber im Alter von nur 29 Jahren in Berlin an Tuberkulose.

DER VERZWEIFELTE REALIST
GEORGE GROSZ

Er war Maler, Grafiker, Karikaturist. Viele seiner gesellschaftskritischen Gemälde und Zeichnungen zeigen drastisch die Abseitigkeiten des Lebens nach dem Ersten Weltkrieg: Mord, sexuelle Perversion, Gewalt. Er griff Großindustrielle, Geistliche, Militärs und überhaupt das ganze Bürgertum an. »Eine Welle des Lasters, der Pornographie und Prostitution lief durch das ganze Land«, schrieb er später über die Zwanzigerjahre. Im Januar 1933 emigrierte George Grosz in die USA, zwei Monate später bürgerten die Nazis ihn aus.

DIE UNNAHBARE DIVA
MARLENE DIETRICH

Ihre erste Theaterrolle hatte sie 1922 am Berliner Revuetheater »Das Große Schauspielhaus« im Shakespeare-Stück »Der Widerspenstigen Zähmung«. Danach spielte sie in zahlreichen Filmproduktionen, 1930 schaffte Marlene Dietrich den Durchbruch, auch international, mit der Rolle der Femme fatale Lola Lola im Film »Der blaue Engel«. Im selben Jahr ging sie in die USA, wurde ein Hollywoodstar und eine weltweite Stilikone. Angebote der Nazis nach 1933, für viel Geld wieder Filme in Deutschland zu drehen, lehnte sie ab.

DER KALTE KARRIERIST
GUSTAF GRÜNDGENS

Der Regisseur und Schauspieler kam 1928 ans Deutsche Theater in Berlin. Er inszenierte mit großem Erfolg Opern und Revuen und spielte in Kinofilmen. Unter den Nazis machte er Karriere und brachte es zum Generalintendanten der Preußischen Staatstheater.

DER FRIVOLE SUPERSTAR
JOSEPHINE BAKER

Zwei Monate lang gastierte die in Frankreich lebende Revuetänzerin in Berlin und posierte schon mal in einem von einem Strauß gezogenen Sulky. Mit Kurzhaarfrisur und knabenhaftem Körper entsprach die emanzipierte Selbstvermarkterin der Mode der Zeit. »Berlin, das ist schon toll! Ein Triumphzug. Man trägt mich auf Händen«, notierte Baker in ihren Memoiren.

Extravagant: Josephine Baker in einem Straußengespann in den Straßen Berlins (1926).

DIE BERLINER GÖRE
CLAIRE WALDOFF

Sie sang Volkslieder und Chansons und war in vielen Kabaretts der Hauptstadt ein Star. Besonders erfolgreich waren ihre Lieder im Berliner Dialekt wie »Nach meene Beene is ja janz Berlin verrückt«. Burschikos, schlagfertig und gut gelaunt, stand Claire Waldoff fast jeden Abend auf einer Bühne. Dabei verkörperte sie die moderne, emanzipierte Frau. Kurt Tucholsky schrieb unter Pseudonym Lieder für sie, mit dem Dichter Joachim Ringelnatz war sie befreundet. Privat liebte sie es beständig: Von 1917 bis zu ihrem Tod 1957 lebte Waldoff mit ihrer Partnerin zusammen.

DIE SCHNIEKE BOYGROUP
COMEDIAN HARMONISTS

Sie waren Deutschlands erste international erfolgreiche Popgruppe: Das Sextett, gegründet 1928, veröffentlichte 84 Schallplatten mit A-cappella-Stücken – mal jazzig, mal launig wie in »Veronika, der Lenz ist da« oder »Wochenend und Sonnenschein« (beides 1930). Weil drei der Herren Juden waren, beendeten die Nazis deren Karriere.

DIE THEATER-GRÖSSE
BERTOLT BRECHT

Seine Theaterstücke »Baal« (1918), die »Dreigroschenoper« (1928) und später »Mutter Courage« (1939) machten ihn zum Weltstar, doch der Autor polarisierte wie kein Zweiter. Sein linkes Theater reizte die Nazis, vor denen er 1933 fliehen musste. Die Kommunistenhatz in den USA trieb ihn 1948 nach Ost-Berlin, wo er zum Kulturstar wurde.

Schriftsteller, Dramatiker, Lyriker: Bertolt Brecht in seiner Wohnung in der Spichernstraße (1927).

»FABELHAFT GESCHMACKVOLL«

Der Autor Karl Schöpflin berichtete in der Karlsruher Lokalzeitung »Volksfreund« am 10. September 1931 über das Ausgehen in der Metropole Berlin.

EIN AUSFLUG INS NACHTLEBEN.

Dem Provinzler wird es schon bei der Überschrift gruselig. Aber es ist nur halb so schlimm. Es sind dort auch Menschen. Allerdings mit anderen Lebensgewohnheiten. Gemein die Friedrichstraße. Unsympathisch das typische Bild der zahlreichen »Rennpferdchen«. Eines immer kunstvoller drapiert wie das andere. Unheimlich schön das farbenprächtige Lichtermeer. Hier wird Reklame gemacht. In den Bars und Tanzdielen, wie »Steinmeyer« und »Rokoko«, um die bekanntesten in der Friedrichstraße zu nennen, ist regelrechter Neppbetrieb mit mehr oder minder schönen an- und ausgezogenen Vertretern der holden Weiblichkeit. Gott Eros schwingt über junge und alte Häupter sein berauschendes Schwert. Und was das Wesentliche ist, alles kostet anständig Geld. Nicht gerade passende Räume werden durch Vorhänge heimisch gestaltet unter Zuhilfenahme von abgeblendet farbigem Licht. Man schafft undefinierbares Zwielicht. Dazu Alkohol, und die Bar einschließlich Nachtleben ist fertig.

Etwas feiner, dezenter und weltstädtischer ist der Betrieb am Zoo, Kurfürstendamm, Hardenbergstraße. Die Lokale größer, feiner, neuer, zum Teil ganz neuzeitlich, wie das Kaffee Berlin, ein architektonisch und dekorativ wie beleuchtungstechnisch ganz hervorragender Bau. Hier treibt sich alles herum, was sich vergnügen will, was etwas sucht, was dem Nachtleben etwas ablauschen will. Kenntnis des Milieus und der nötige Mammon vermitteln dann diese ungewohnten Neuheiten. Grandios die Flut des farbigen Reklamelichts, das sich zu einer herrlichen Farbensymphonie in dem durchsichtig glitzernden Asphalt spiegelt.

Etwas unternehmungslustiger muß man schon sein, wenn man die Gegend um die Jannowitzbrücke und Schlesischen Bahnhof ... besucht. Dort kann man wie am Wedding das richtige Elend Berlins kennenlernen. In der Blumenstraße befindet sich das »Resi«, ein Vergnügungslokal mit Tischtelephonen. Fabelhaft geschmackvoll und so riesig einfach die Schmückung dieses Tanzsaales. Farbiges, abgedämpftes Licht, gleichmäßig rotie-

rende, wundervoll abgestimmte Deckendrapie-
rungen geben originellen Anstrich. Und nun das
Vergnügliche der ganzen Chose, das Tischtele-
phon. Damit ist wirklich viel heiterer Blödsinn zu
machen. Man kann ohne Schaden andere übermütig verkohlen und genauso verkohlt werden.
Viel bewundert wird vom Provinzler auch die
Rohrpost, mittels der man Briefe im ganzen Saal
von Tisch zu Tisch befördern kann. Die Einrich-
tung der Rohrpost gibt es übrigens auch für die
Post in ganz Berlin ... Was mir besonders auffiel,
war der natürliche Charme der Bajaderen (Tänze-
rinnen) dieses Lokals, an denen kein Berliner des
Westens auch nur eine Spur von Reiz entdeckt
hätte.

»KONKURRENZ DER UTOPIEN«

Revolutionärer Wandel, eine gespaltene Gesellschaft und viele Ängste: Sind die Zwanzigerjahre und die Gegenwart vergleichbar? Der Historiker Daniel Schönpflug gibt Antworten.

Ein Interview von Joachim Mohr und Frank Patalong

SPIEGEL: Herr Schönpflug, gibt es etwas, das Sie persönlich an den Zwanzigerjahren fasziniert?
Schönpflug: Ich habe mich viel mit Revolutionen beschäftigt. Die Revolution von 1918, sozusagen der Startschuss für die Zwanzigerjahre, wird meist als etwas Düsteres, Negatives, gar Destruktives gesehen. Aus heutiger Sicht verbinden die Menschen 1918 nicht mit Aufbruchstimmung. Das hängt vor allem damit zusammen, dass wir wissen, was danach kam: die unruhigen Jahre der Weimarer Republik und die Katastrophe der Nazizeit. Wenn man aber in die Quellen der Zeit kurz nach 1918 schaut, etwa in Zeitungsartikel oder Briefe, dann liest man dort von der Erleichterung der Menschen über das Ende des Krieges, von Hoffnungen, neuen Zielen und teils regelrecht kühnen Zukunftsentwürfen.

SPIEGEL: Sie sehen die Zwanzigerjahre nicht nur als Vorspiel der Nazidiktatur?

Schönpflug: Nein, die Zwanzigerjahre waren ein revolutionäres Jahrzehnt, sicher unruhig, aber auch voller Ideen, Hoffnungen und Möglichkeiten.

SPIEGEL: Die Menschen hatten den Albtraum von Krieg und Niederlage zu verkraften. Wie verbreitet war da das Gefühl von Aufbruch, gar Euphorie?

Schönpflug: Wenn ich von Hoffnung spreche, meine ich nicht, dass ganz Deutschland einem naiven Glauben an eine bessere Zukunft verfallen gewesen wäre. Schon der Start in eine neue Gesellschaft im November 1918 war natürlich von Kontroversen geprägt: Da gab es diejenigen, die am 9. November in Berlin vor dem Reichstag standen und jubelten, während Philipp Scheidemann die Republik ausrief: Tausende feierten »Unter den Linden«. Und im gleichen Moment schimpften andere, die Revolution sei ein Verrat an Deutschland, an der Armee, am Kaiserreich – der Anfang der Dolchstoßlegende.

SPIEGEL: Gab es gemeinsame Ziele?

Schönpflug: Kaum, doch das ist ein Stück weit auch normal. Ein Moment wie der November 1918, in dem ein altes Regime zusammenbricht, eröffnet ein riesiges Möglichkeitsfenster. Plötzlich entwickeln die Menschen neue, ganz unterschiedliche Visionen für ihr privates Leben, aber auch für den Staat und die Gesellschaft.

SPIEGEL: Visionen, die sich damals häufig feindlich gegenüberstanden.

Schönpflug: Ja, die Erwartungen an die Zukunft waren polarisiert, in großen Teilen nicht kompatibel. Das ist Teil des revolutionären Moments, die Konkurrenz der Utopien.

SPIEGEL: Die Monarchie in eine Demokratie zu verwandeln, war eine der Ideen, die sich durchsetzten. Wurde der demokratische Gedanke von einer Mehrheit der Bürger getragen?

Schönpflug: Ja, man muss sich nur die Wahlen zur Nationalversammlung im Januar 1919 anschauen. Die Wahlbeteiligung lag bei 83 Prozent. Davon können wir heute nur träumen. Und der Großteil der Wähler machte sein Kreuz bei Parteien, die für die Republik standen, bei der SPD, dem Zentrum oder der Deutschen Demokratischen Partei. Die Mehrheit votierte für einen demokratischen Staat.

SPIEGEL: Unterschied sich die Lage Deutschlands von der anderer Länder?

Schönpflug: Das Ende dieses verheerenden Krieges ging hierzulande mit einem völligen gesellschaftlichen Zusammenbruch einher. Im Vergleich zu den anderen Verliererländern war die Fallhöhe enorm. Das Deutsche Reich war 1914 eine aufstrebende Weltmacht gewesen, die Wirtschaftskraft wuchs bis dahin beständig, der technische Fortschritt war enorm, die Bevölkerung nahm zu. Man hatte geglaubt, den Krieg in wenigen

Wochen oder Monaten gewinnen zu können. Noch in der zweiten Hälfte 1918 sprach die Heeresführung von einem möglichen Sieg. Stattdessen stand am Ende eine vollständige Niederlage.

SPIEGEL: Wie erlebten die Menschen den Beginn der Zwanziger?

Schönpflug: In ganz Deutschland herrschte nach dem Krieg eine massive Versorgungskrise. Hunger und Krankheiten waren weit verbreitet. Nicht nur die Unterschicht, auch die Mittelschicht lebte in einer ökonomischen Situation, die wir uns heute schwer vorstellen können. Jeder Tag war ein Kampf ums Überleben.

SPIEGEL: Waren die Kriegsheimkehrer sozial abgesichert?

Schönpflug: Es gab zwar Invalidenrenten und auch ein System der Sozialversicherung, aber diese Unterstützungen waren rudimentär und konnten das Massenelend nicht verhindern.

SPIEGEL: Millionen Männer waren zudem verwundet aus dem Krieg heimgekehrt.

Schönpflug: Viele der Männer hatten verstümmelte Körper und zerstörte Gesichter. Manchen Soldaten konnte mit neuer Prothesentechnik geholfen werden, aber für die weitverbreiteten Traumata – etwa die »Kriegszitterer« – gab es keine wirksame Therapie. Dazu kam die massenhafte Erfahrung von Verlust und Trauer. In fast jeder Familie waren geliebte Menschen ums Leben gekommen.

SPIEGEL: Wie wirkte sich das aus?

Schönpflug: Philipp Blom hat diese Stimmung in seinem Buch »Die zerrissenen Jahre« als Voraussetzung dafür beschrieben, dass Ideologien auf fruchtbaren Boden fielen, die einen neuen Menschen und Macht über andere versprachen – oder die Deutschen gar zu »Herrenmenschen« erklärten. Die Erfahrung der Verletzlichkeit wurde kompensiert durch Gesten der Dominanz.

SPIEGEL: Materielle Not und Traumata des Krieges verstärkten sich gegenseitig?

Schönpflug: Beides griff ineinander und sorgte für enorme Unsicherheit. Und das in einem politischen Umfeld, das den Menschen kaum Halt bot: Die Mehrheitsfindung im Parlament war kompliziert, immer wieder gab es politisch motivierte Gewalttaten und Putschversuche. Die Gesellschaft hätte einen festen Rahmen, Verlässlichkeit und Halt dringend gebraucht. Aber das konnte das neue Regime nicht bieten. So sehnten sich viele Menschen, sogar Anhänger der Republik, nach der Ordnung und Statik des alten Regimes zurück, nach einer zentralen Führungsfigur. Doch die gab es nicht.

SPIEGEL: War das der Grund, warum selbst Sozialdemokraten von einer »Volksgemeinschaft« fantasierten?

Schönpflug: Die Idee der Volksgemeinschaft geht bereits auf das späte 18. Jahrhundert und den entstehenden Nationalismus zurück. Der Nationalismus hatte von Anfang an zwei Spielarten: Da war der politische Nationalismus, der sich auf die Gemeinschaft der Staatsbürger berief. Und dann gab es den ethnisch fundierten Nationalismus, der sich über Geschichte, Sprache und Eigenheiten eines Volkes definierte. Im 19. Jahrhundert bestanden die beiden Sichtweisen nebeneinander.

SPIEGEL: Warum setzte sich dann der Gedanke der ethnischen Volksgemeinschaft zunehmend durch?

Schönpflug: Vor dem Krieg hatte Kaiser Wilhelm II. gesagt: »Ich kenne keine Parteien mehr, ich kenne nur Deutsche!« Dieses »Wir gegen die anderen«-Gefühl verstärkte sich naturgemäß im Krieg. Auch innerhalb der deutschen Gesellschaft wurden die Konflikte zunehmend über Zugehörigkeit und Ausschluss definiert. Dazu gehörte etwa, dass die rechten Parteien die Volksgemeinschaft ohne die Juden oder Kommunisten dachten. Das Konzept der Volksgemeinschaft drückte auch die Ablehnung der modernen Gesellschaft aus: Es richtete sich gegen wachsenden Individualismus, Mobilität, Ungebundenheit, Egoismus, Nutzenorientierung.

SPIEGEL: Im Alltag der Menschen wurde die Moderne auch durch das neue Frauenbild sichtbar.

Schönpflug: Schon im Krieg nahmen Frauen neue Rollen an. Viele arbeiteten zwischen 1914 und 1918 in Berufen, die zuvor von Männern dominiert waren, etwa in der Schwerindustrie. Nach dem Krieg, als die Männer zurückkehrten, mussten die meisten Frauen diese Arbeiten zwar wieder aufgeben, doch in den Köpfen war dadurch viel passiert. Man hatte gesehen, was Frauen alles leisten konnten. Ein enormer Veränderungsprozess begann. In der ersten Nationalversammlung saßen 37 weibliche Abgeordnete, Frauen wurden nun also auch als Politikerinnen sichtbar. Auch die Universitäten öffneten sich für Studentinnen. Und in der Berufswelt, insbesondere unter Angestellten, entstanden spezifisch weibliche Berufe: das berühmte Fräulein vom Amt, die Stenotypistin, die die technische Innovation der Schreibmaschine einsetzte.

SPIEGEL: Traumberufe sind das aber nicht unbedingt.

Schönpflug: Von dem, was wir heute als berufliche Selbstverwirklichung verstehen, waren die Jobs damals oft noch weit entfernt. Viele Frauen arbeiteten auch als Zugehfrau in anderen Haushalten. Trotzdem war die Berufstätigkeit ein nicht zu unterschätzender Schritt, die Unabhängigkeit der Frauen wuchs – und damit ihr Selbstbewusstsein.

SPIEGEL: Veränderte das auch ihr Auftreten?

Schönpflug: Ja. Manche Frauen trugen jetzt kurze Haare, den Bubikopf, Frauen trugen Hosen und Zylinder, Frauen rauchten, Frauen zeigten sich im Nachtleben, Frauen konnten eine aktivere Rolle in der Sexualität spielen. Nur wenn man die Bereiche Politik, Ökonomie und Kultur zusammen betrachtet und sieht, wie sie sich gegenseitig bedingen und verstärken, kann man verstehen, wie fundamental und revolutionär der gesellschaftliche Umbruch in den Zwanzigerjahren war.

SPIEGEL: Tagsüber schufteten die meisten Menschen schwer oder waren verzweifelt auf Arbeitssuche, nachts ließen sich viele durch ein wildes Nachtleben treiben. Wie ging das zusammen?

Schönpflug: Auch ich staune, zu was die Menschen damals psychisch und physisch in der Lage waren. Der Alltag in der Unter-, aber auch in der Mittelschicht war unglaublich hart. Daneben gab es diese hohe Bereitschaft, an einer exzessiven Unterhaltungskultur und einem entfesselten Nachtleben teilzunehmen. Wenn man die vielen biografischen Berichte und Quellen aus der Zeit liest, müssen die Zwanzigerjahre eine Energie und Triebkraft gehabt haben, wie wir sie heute nicht kennen. Die Lokale, die Varietés, die Nachtklubs waren bis zum Bersten voll, und es gab unendlich viele davon. Das ist nicht nur ein Klischee, das war die Wirklichkeit.

SPIEGEL: War das die Flucht aus dem Alltag?

Schönpflug: Wer vier Jahre lang Tod und Vernichtung erlebt hat, der will als eine Art Kompensation vielleicht ein Fest des Lebens feiern. Zugleich entstand eine Unterhaltungs- und Konsumindustrie, die erstmals ein Massenpublikum ansprach. Und natürlich ist der Rausch eine Gegenwelt, ein Mittel gegen unerträgliche Zustände. Es ist nur auf den ersten Blick paradox, dass eine krisenhafte Zeit eine Zeit des Feierns war.

SPIEGEL: Auch Drogen spielten eine große Rolle.

Schönpflug: Absolut, von der Tänzerin Anita Berber gab es die »Tänze des Lasters« und die Performance »Kokain«. In den Zwischenkriegsjahren waren neben Alkohol alle Arten von Drogen weitverbreitet. Das war der Treibstoff des Nachtlebens.

SPIEGEL: Wild war das Leben der Zwanzigerjahre vor allem in den Großstädten. Wie groß war die Spaltung zwischen Stadt und Land im damaligen Deutschland?

Schönpflug: In den Großstädten lebte etwa ein Drittel der Bevölkerung, in Kleinstädten und in Dörfern zwei Drittel. Die Modernisierung kam auf dem Land natürlich auch an, Strom- und Telefonleitungen wurden gelegt, doch der Wandel war dort viel langsamer. So entstand eine Spannung zwischen der rasanten Beschleunigung der Städte und dem eher ruhigen Landleben, wo auch die Versorgungskrise nicht in der gleichen Härte spürbar war.

SPIEGEL: War die Großstadt Sehnsuchtsort oder Sündenpfuhl, anziehend oder abstoßend?

Schönpflug: Die Ablehnung des städtischen Lebens war auf dem Land weitverbreitet. Das verband die ländliche Bevölkerung mit den Konservativen in den Städten und war auch ein Resonanzboden der rechten Parteien.

SPIEGEL: Zusammenbruch versus Aufbruch, Tradition gegen Revolution und das alles in wirtschaftlicher Dauerkrise – was bedeutete das für das Lebensgefühl der Menschen?

Schönpflug: Die Mentalität der Zeit war geprägt von dem Gefühl, dass es im Leben nicht Festes, nichts Verlässliches gab. Für die Menschen damals war bei jeder Regierungsumbildung, jedem Putschversuch, jeder Wirtschaftskrise unklar, wie es weitergeht. Die Revolution von 1918 und die Zeit danach verlief wie in vielen revolutionären Situationen in der Geschichte: Es gibt den Moment des radikalen Umsturzes, dann folgt eine lange Phase der Instabilität, der Auseinandersetzung, der Gewalt, der Polarisierung, die dann zu einem neuen stabilen Zustand führt, der jedoch wenig mit dem zu tun hat, was die Revolution ursprünglich anstrebte.

SPIEGEL: Das ist ein wiederkehrendes Muster?

Schönpflug: Bei der Französischen Revolution von 1789 begann es mit Freiheit, Gleichheit und Brüderlichkeit und endete bei Napoleon als diktatorischem Kaiser. Bei der Russischen Revolution 1917 stand zu Beginn eine Räterepublik, daraus wurde eine Diktatur. Revolutionen sind nicht nur punktuelle Ereignisse, sondern längere Phasen schwer dirigierbarer Veränderung. Karl Marx hat sie als »Lokomotiven der Geschichte« bezeichnet, vergaß aber zu erwähnen, dass sie selten nach Fahrplan fahren.

SPIEGEL: Die ganzen Zwanzigerjahre waren demnach von der Revolution geprägt?

Schönpflug: Absolut! Deshalb gab es auch all die Verwerfungen damals in Deutschland. Die Kräfte, die ein altes Regime hinwegfegen, sind meist nicht in der Lage, ein Land anschließend dauerhaft zu ordnen. In dieser Dialektik steckten auch die Zwanzigerjahre. Für das Verständnis der Zeit ist es zentral, die Zwanzigerjahre der deutschen Geschichte als Revolutionserfahrung zu sehen und zu deuten.

SPIEGEL: Das erklärt auch, warum Gewalt zum Alltag der Zeit gehörte.

Schönpflug: Die NSDAP sah sich als revolutionäre Partei, genauso wie die Kommunisten. Es herrschte die Vorstellung, man könnte aufgrund eines Konzepts die Welt sozusagen auf völlig neue Füße stellen und Politik, Gesellschaft und Kultur absolut neu gestalten. Und absolut gedachte Ideen funktionieren nur, wenn man den Gegner vernichtet.

SPIEGEL: Die Zwanzigerjahre waren auch eine Zeit technischer Innovationen und Umbrüche. Fühlten sich viele Menschen damals ähnlich wie heute vom Fortschritt überfordert?

Schönpflug: Ich sehe in den Zwanzigerjahren im Gegensatz zur heutigen Zeit viel mehr Begeisterung für die Technik als Furcht davor. Fritz Langs Science-Fiction-Film »Frau im Mond« etwa faszinierte die Menschen. Aber das Ausmaß der technischen Veränderung der Welt, das wir heute durch die Digitalisierung erleben, übersteigt die Veränderungen in den Zwanzigerjahren auch bei Weitem.

SPIEGEL: Die Gesellschaft der Zwanzigerjahre war

zersplittert, von Extremen geprägt. Sehen Sie Parallelen zu unserer heutigen Gesellschaft?

Schönpflug: Wir leben in einer Welt von Wohlstand und Wachstum. Die Ungerechtigkeiten und Ungleichheiten heute sind lange nicht so ausgeprägt wie die in den Zwanzigerjahren. Zum Glück ist auch die politische Polarisierung noch nicht so weit fortgeschritten wie damals, wir haben noch keine organisierten Schlägertrupps der Parteien auf den Straßen. Es gibt heute auch Gewalt, allerdings ist deren Ausmaß und Alltäglichkeit nicht mit damals zu vergleichen.

SPIEGEL: Trotzdem wird der Vergleich oft gezogen: Gibt es auch Aspekte, in denen sich die Zeiten ähneln?

Schönpflug: Wir leben heute ja auch in einer postrevolutionären Phase: 1989 ereignete sich ein massiver Umbruch, in Deutschland durch die Wiedervereinigung, aber auch global durch den Kollaps des kommunistischen Herrschaftssystems. Darauf folgten lange Jahre der massiven Veränderung, der Suche, der fehlenden gesellschaftlichen Festigkeit, und diese Phase ist immer noch nicht abgeschlossen. Das überfordert viele Menschen.

SPIEGEL: Drohen uns also Zustände wie in den Zwanzigerjahren?

Schönpflug: Wenn noch nicht das gleiche Maß an Chaos erreicht ist, dann liegt das auch daran, dass wir inzwischen mehr Erfahrungen haben mit Revolutionen und Krisenzeiten und deshalb anders reagieren kön-

nen. In gewisser Weise könnte man sagen, die Finanz-
krise 2008 war ähnlich bedrohlich wie jene im Jahr
1929, allerdings hat das Krisenmanagement bislang die
schlimmsten Folgen verhindert. Erfahrungen machen
vielleicht den kleinen Vorsprung aus, den wir gegenüber damals haben. Sie lassen hoffen, dass die Zeit von
damals und jene von heute zwar strukturell verwandt
sind, dass sich die Geschichte aber nicht wiederholen
wird.

SPIEGEL: Herr Schönpflug, wir danken Ihnen für dieses Gespräch.

Daniel Schönpflug, geboren 1969, ist Professor für
Neuere Geschichte an der Freien Universität Berlin
und Wissenschaftlicher Koordinator des Wissen-
schaftskollegs zu Berlin. Er hat unter anderem das
Buch *Kometenjahre. 1918: Die Welt im Aufbruch*
geschrieben.

KEINE HELDEN, NIRGENDS

Als Verlierer kamen die deutschen Soldaten aus
dem Ersten Weltkrieg zurück, viele von ihnen
körperlich oder seelisch gezeichnet. Mit Verständnis konnten sie nicht rechnen.

Von Andreas Unger

Endlich ist der Krieg vorbei, das ist die gute Nach-
richt. Blasmusik erklingt auf den Straßen, »Ehrenjung-
frauen« gehen vorweg, streuen Blumen, dahinter ziehen die Heimkehrer auf festlich geschmückten Wagen
ein. Die Deutschen sind ermattet und erleichtert. Die
schlechte Neuigkeit ist: Der Krieg ist verloren. Als Be-
siegte kamen die Soldaten nach Hause: Sechs Millionen deutsche Soldaten und mehr als 800 000 Kriegs-
gefangene kehrten von Ende 1918 an zurück. Wohl
niemand von ihnen konnte den Schrecken der Schüt-
zengräben einfach abschütteln, sich eingliedern ins zi-
vile Leben, in ein Land, das sich nach Revolution und
Niederlage selbst noch finden musste.

Besonders schwer hatten es die 1,5 Millionen Kriegs-
beschädigten, damals »Kriegskrüppel« genannt. »Das
Kinn ist weggeschossen, und Nase und Oberlippe hän-

gen frei in der Luft. Oder nur ein halbes Kinn fehlt. Und dafür eine Nasenhälfte der Länge nach«, so beschrieb der Schriftsteller Joseph Roth, der in Berlin lebte, den Anblick. »Oder quer durch das ganze Gesicht fuhr eine Granate spazieren, und ihr Führungsring blieb im Ebenbilde Gottes haften, im Antlitz eines weißen Menschen. Oder irgendeinem fehlt der Mund, die Lippen fehlen, die Lippen, mit denen er küssen, flüstern konnte.«

Der Anblick bewegte das Volksgemüt. Mitleid und Abscheu mischten sich. Manch einer nahm den Überlebenden ihr Aussehen übel. Mancher sogar ihr Überleben. »Die Heimkehrer fühlten den Vorwurf in den Blicken der Hinterländler: ›Was sucht ihr hier? Warum seid ihr nicht tot?‹«, schrieb 1923 der österreichische Psychoanalytiker und Schriftsteller Fritz Wittels, der fünf Jahre lang als Militärarzt gedient hatte. Die Toten lagen auf dem Feld der Ehre, sie waren immerhin als Helden zu gebrauchen, an ihnen konnte man sich aufrichten. Die Kriegsversehrten lagen in ihren Betten – wofür haben sie überlebt?

Der Kaiser, einst Identifikationsfigur der Nation, hatte seine Haut in die Niederlande gerettet. Und das Vaterland, für das sie in den Krieg gezogen waren, war nun ein besiegtes Land, das sich dem angeblichen »Diktatfrieden« unterworfen hatte: Es bekam die alleinige Kriegsschuld zugeschrieben, verlor seine Gebiete links des Rheins, wurde weitgehend entmilitarisiert und musste Reparationszahlungen leisten. Welchen Sinn hatte der Einsatz des eigenen Lebens gehabt, und welchen das Leiden, das Elend, in das der Krieg sie gestürzt hatte?

Einige Veteranen überhöhten die traumatisierenden Erlebnisse als »Stahlgewitter«, in dem der Soldat Führungskraft und Führungsstärke beweisen konnte, so wie Ernst Jünger. Andere erinnerten sich weit weniger heroisch: »Dieses Gemisch aus Streberei, Ordensschiebung, Urlaubsverweigerung, Huren, Saufen und Fressen«, schrieb Kurt Tucholsky, der an der Ostfront gedient hatte, 1920, »dieser ekle Brei von Monokelleutnants der trübsten Etappe ... – diese Suppe aus Roheit, Mannschaftsfresserei und Dünkel – das war die alte kaiserliche deutsche Armee.«

Für Oberstleutnant Konrat Briegleb waren die Orden, die man ihm verliehen hatte, darunter das Eiserne Kreuz zweiter Klasse, »kein Trost und keine Genugtuung«. Er hatte ein Bein verloren, zeitlebens litt er darunter, mit einer mechanischen Schreibmaschine schrieb später seine Tochter Erika Ehlers, geboren 1905, ihre Erinnerungen auf, die im Deutschen Tagebucharchiv aufbewahrt werden: »Das Gehen blieb mühsam. Das Holzbein hatte mehr Gewicht als die heutigen aus leichtem Kunststoff. Die Riemen, mit denen es befestigt war, drückten auf den Schultern und in der Hüfte. Der Stumpf scheuerte sich oft wund im Schaft des Holzbeines. Manchmal traten Stumpfschmerzen auf, die so heftig waren, dass der Stumpf nach oben ausschlug. Sie konnten nur mit einer Morphiumspritze behoben werden.«

Doch bei allem Schmerz meldete sich ein Rest Loyalität zum Kaiserreich in Briegleb, etwa als er erfuhr, dass revolutionäre Soldaten Offiziere angriffen und ihnen Achselstücke von der Uniform rissen. »Das betraf meinen Vater nicht persönlich, aber es traf seinen Stand und verletzte ihn«, schreibt Tochter Erika Ehlers.

Bestenfalls halbherzig bekannte sich der schlesische Provinzial-Kriegerverband im November 1918 zur Revolution: »Wir wollen uns darum, indem wir unsere königstreuen Gefühle mit schwerem Herzen verschließen, der beiden anderen Grundpfeiler unseres Kriegervereinswesens entsinnen, der Vaterlandsliebe und der Kameradschaft.« Man kann das auch als Drohung gegen den gerade entstehenden Staat lesen.

Der liebe Gott war auch kein großer Trost. Erika Ehlers erinnerte sich, wie am Krankenbett ihres Vaters ein Chor »Großer Gott, wir loben dich« sang. »Nie konnte ich das Lied später hören, ohne dass mir Tränen kamen. Einmal fing ich in der Schule fassungslos zu schluchzen an, als das Lied vom Schulchor geübt wurde.« Großer Gott, wir loben dich – wofür genau bitte? Eine eher jämmerliche Antwort fand ein katholischer Pfarrer in Regensburg in einer Predigt: »Und wenn unsere Feinde auf all unser Flehen um Mitleid nicht hören

wollten, wenn sie übermütig das todwunde Volk noch
weiter peinigen von innen und außen – wahrhaftig, Geliebte, dann muss der Augenblick kommen, wo unser
Herrgott im Himmel, der das Todeszucken des letzten
zertretenen Würmleins auf Erden sieht, mit uns Mitleid hat, weil wir nirgends mehr Mitleid finden.« Lar-
moyanz im Angesicht der Sieger mit ihren Millionen
Toten – ein immerhin origineller Weg, das alte Feind-
bild aufrechtzuerhalten.

Längst hatte die Suche nach Schuldigen für die Niederlage begonnen. An den Militärs könne es nicht ge-
legen haben, befanden die geschlagenen Oberbefehls-
haber Paul von Hindenburg und Erich Ludendorff,
und verbreiteten die »Dolchstoßlegende«. Ihr zufolge
sei die deutsche Armee »im Felde unbesiegt« geblieben und von der Heimat aus sabotiert worden, vor allem durch Sozialdemokraten, Sozialisten und Juden.
Ergebnis: »die Schmach von Versailles«. Hindenburg
hatte nach der Niederlage formuliert: »Wie Siegfried
unter dem hinterlistigen Speerwurf des grimmigen Ha-
gen, so stürzte unsere ermattete Front; vergebens hatte sie versucht, aus dem versiegenden Quell der hei-
matlichen Kraft neues Leben zu trinken.« Ein vager
Verdacht gegen die Überlebenden waberte durch viele Köpfe: Hatten diese nur überlebt, weil sie sich vom
Feind hatten gefangen nehmen lassen? Wenn es stimmt,
dass nur die Besten jung sterben, was sagte das über
die Heimkehrer?

Führende Wissenschaftler brachten geradezu brutale Positionen in die Diskussion. Der Hamburger Neurologe Max Nonne beklagte 1922, dass die »Darwin'sche Zuchtwahl« im »umgekehrten Sinne mit großem Erfolg« vonstattengegangen sei: »Die besten werden geopfert, die körperlich und geistig Minderwertigen, Nutzlosen und Schädlinge werden sorgfältig konserviert, anstatt daß bei dieser günstigen Gelegenheit eine gründliche Katharsis stattgefunden hätte.«

Am wenigsten Verständnis durften jene erwarten, in deren Seelen sich die Erlebnisse an der Front eingebrannt hatten. Viele von ihnen wurden noch lange nach dem Krieg von unerklärlichem Zittern geplagt oder bekamen immer wieder Panikattacken, andere konnten nicht aufstehen – heute würde man von einer posttraumatischen Belastungsstörung sprechen.

Damals jedoch unterstellte der Berliner Psychiater Friedrich Panse vielen »Kriegsneurotikern« mangelhaften Willen zur Gesundung. Eine Versorgungsrente hielt er für gefährlich: Anfangssymptome wüchsen sich so erst zu psychischen Dauerstörungen aus, warnte er. Der bayerische Nervenarzt Valentin Faltlhauser macht die »Hysteriker« und »Psychopathen« sogar für die Novemberrevolution verantwortlich – eine »psychiatrische Variante der Dolchstoßlegende«, schreiben die heutigen Wissenschaftler Philipp Rauh und Livia Prüll, die den Umgang mit psychisch kranken Veteranen erforscht haben.

Was das Leiden ausgelöst hat, darüber entspannte sich ein wissenschaftlicher Disput. Der Berliner Neurologe Hermann Oppenheim nahm an, dass die Kriegserfahrungen mikroskopisch kleine Veränderungen im Gehirn oder im zentralen Nervensystem auslösen. Er behauptete damit einen körperlichen Zusammenhang zwischen Erleben und Verarbeiten. Diese durchaus moderne Ansicht hatte sich bereits im 19. Jahrhundert herausgebildet. Auf ihrer Grundlage war von 1889 an im Deutschen Reich das Unfallversicherungsgesetz auf traumatische Arbeitsunfälle ausgeweitet worden. Auch seelisch Versehrte hatten seither einen Rentenanspruch.

Manche damalige Ärzte befürchteten aber eine »Verweichlichung« der Arbeiter und die »Züchtung« von »Rentenneurotikern«, wie Rauh und Prüll zusammenfassen. Demnach sei die Ursache für das Kriegszittern eine dem Leiden vorausgehende allgemein schwächliche Konstitution. Die Überlebenden trugen so nicht nur den Schaden, sondern auch die Schuld daran: Ihnen fehle es schlicht an der nötigen Willenskraft, ihre Schwäche zu überwinden, so eine verbreitete Ansicht.

Dennoch wurde das schon im Kaiserreich etablierte Sozialfürsorgesystem angesichts der Masse Bedürftiger ausgebaut. Bereits 1909 war die »Deutsche Vereinigung für Krüppelfürsorge« gegründet worden. Das Reichsversorgungsgesetz von 1920 schuf einen gesetzlichen Rahmen für Rente und medizinische Versorgung der Heimkehrer. Ehemalige Kriegsteilnehmer fanden

Heer der Humpelnden: Auf einer Demonstration fordern Kriegs-
invaliden 1919, dass ihre Verwundungen weiter kostenlos behan-
delt werden und ihnen eine Kriegsbeschädigtenrente gezahlt wird.

zudem juristischen Rat und Hilfe bei der beruflichen
Integration.

Allerdings: »Weder eine Selbstverpflichtung der Ar-
beitgeber zur Einstellung von Kriegsteilnehmern noch
das Gesetz über die Beschäftigung Schwerbeschädig-
ter vom April 1920 konnten ihre Integration in den
Arbeitsmarkt sichern«, bilanziert Carola Jüllig vom
Deutschen Historischen Museum. »Noch 1924 waren über 700 000 Kriegsbeschädigte auf ständige staatliche Unterstützung angewiesen.« Von den Erfahrungen, von den Sorgen und Nöten der einstigen Soldaten

wollten viele Menschen nichts hören, die Gegenwart war ihnen schwer genug. Fritz Wittels erinnerte sich: »Begann nun gar ein Heimkehrer seine Kriegsabenteuer auszupacken, dann gähnte man ihn an und flüchtete, so schnell man konnte.«

So erzählten sich die Veteranen ihre Erinnerungen eben selbst. Kameradschaft war der gemeinsame Nenner. Man tröstete sich mit der Überzeugung, »im Felde unbesiegt« heimgekommen zu sein. Oder versuchte das, woran man geglaubt und für das man in den Krieg gezogen war, irgendwie zu retten: 400 000 Männer organisierten sich in Freikorpsverbänden, von denen viele monarchistisch, die meisten nationalistisch und antisemitisch und alle autoritär waren. In zahllosen Echokammern versicherten sich vom Fronterlebnis verrohte Männer gegenseitig ihres Mutes und ihrer Hingabe, reichten ihren Militarismus an den Nachwuchs weiter und arbeiteten am Dolchstoß für die Weimarer Republik.

Der Nationalsozialismus aber zog die konservativen Kriegsveteranen weniger stark an als die Nachgeborenen – wohl vor allem, weil er sich als junge und revolutionäre Bewegung gab. Jürgen W. Falter von der Universität Mainz hat die Altersstruktur der Männer analysiert, die zwischen 1925 und 1933 der NSDAP beigetreten sind: 39 Prozent wurden zwischen 1875 und 1900 geboren, gehörten also den potenziellen Kriegsjahrgängen an, 56 Prozent kamen danach auf die Welt. »Das bedeutet keine Überrepräsentation, sondern eine leichte Unterrepräsentation« derjenigen, die als Soldaten im Krieg gewesen sein konnten.

Konrat Briegleb war nach dem Krieg zu jung fürs Altenteil und zu krank, um sich nützlich zu fühlen. Immerhin bekam er eine Zweigstelle der preußisch-deutschen Klassenlotterie zugewiesen, mietete einen kleinen Laden und verkaufte Lose. Er las viel, erinnert sich seine Tochter: Zeitungen, Kriegsliteratur, politische Bücher von konservativen Verfassern. »Sehr früh ›Mein Kampf‹ von Hitler, dessen politische Ansichten er illusorisch fand.«

EINE BEGRÜNDUNG
BRAUCHTE ES NICHT

Die Angst vor Fremden war verbreitet – der Umgang mit ihnen oft schonungslos.

Von Andreas Unger

Der gebürtige Holländer Johann Geusendam erfuhr 1922 im Bremer Polizeihaus, dass er Deutschland verlassen müsse. Einen Monat später reichte er eine Beschwerde im Senat ein: Er halte die Ausweisung für »ungerechtfertigt, da sie mit keinerlei Gründen belegt wurde«. Die brauchte die Bremer Polizei auch nicht. Das Rechtsempfinden, das auch noch in der Weimarer Republik verbreitet war, hatte der Reichstagsabgeordnete Heinrich von Treitschke schon 1898 formuliert: »Mögen wir noch so viele Verträge schließen über internationales Privatrecht, immer ist der Vorbehalt: vorausgesetzt, dass uns ein Ausländer nicht lästig wird. Ausländer, die ihm lästig werden, muss ein Staat ausweisen können, und zwar ohne Angaben von Gründen.«

»Im politischen Sprachgebrauch der Weimarer Republik ist der lästige Ausländer als Schlagwort und feststehende Redefigur integriert«, schreibt die Historikerin Eva Schöck-Quinteros, die den Fall des Holländers Geusendam untersucht hat. Zwar kamen nach dem Ersten Weltkrieg weniger Arbeitsuchende nach Deutschland als noch im Kaiserreich; in den Zwanzigerjahren waren zwischen 200 000 und 300 000 ausländische Arbeitskräfte beschäftigt, danach sank die Zahl auf unter 100 000.

Doch die Grenzverschiebungen nach Kriegsende hatten dazu geführt, dass zahlreiche Menschen unfreiwillig nach Deutschland kamen: Bis Mitte der Zwanzigerjahre emigrierten etwa eine Million zumeist »deutschstämmige« Menschen aus den abgetretenen Gebieten, etwa aus dem Elsass, den ehemaligen deutschen Kolonien oder den Gebieten im Osten. Hinzu kamen ab 1922 etwa 600 000 Russen, die vor den Kommunisten geflohen waren. Zudem suchten ab 1921 etwa 70 000 Juden aus Ost- und Mitteleuropa in Deutschland Schutz vor Pogromen.

Die meisten Zuwanderer aus dem Osten zogen schon bald wieder aus Deutschland fort, denn es gab kaum Arbeit, die Asylpolitik war restriktiv, der Antisemitismus stark. Die Angst vor vermeintlich zu vielen »Fremden« war verbreitet, die Sorge, sie würden Deutschen die Arbeit wegnehmen oder den verbliebenen deutschen Osten »polonisieren« – oder gar die nationale Sicherheit gefährden.

Dieser Verdacht traf auch den Niederländer Geusendam, einen aktiven Kommunisten, der 14-jährig mit

seinen Arbeit suchenden Eltern nach Deutschland gekommen war. Er war der Bremer Polizei offenbar ex-
trem lästig: Nicht einmal von der Tatsache, dass seine
Frau und seine beiden Söhne mit ausgewiesen werden
sollten, obwohl alle gebürtige Bremer waren, ließen
sich die Beamten erweichen. Geusendam hatte keine
juristischen Möglichkeiten, die Ausweisung anzufech-
ten; sie war Ländersache und lag in der Verantwortung
der Exekutive. Sein Fall führte allerdings zu jahrelan-
gem Streit in der Bremer Bürgerschaft. Am 18. März
1931 schließlich, nach 41 Jahren in Deutschland, wurde Geusendam abgeschoben.

Doch die Deutschen waren noch nicht fertig mit ihm:
Unter Hitler wurde er 1940 ins Reich verschleppt und
wegen Vorbereitung zum Hochverrat angeklagt; er hat-
te Kommunisten bei der Flucht geholfen. 1945 starb er
in Vaihingen an der Enz. Schöck-Quinteros: »In der
Weimarer Republik hatten ›lästige Ausländer‹ kein
Aufenthaltsrecht, wenige Jahre später kein Recht auf
Existenz.«

Der »lästige Ausländer« aber hielt sich hartnäckig.
Er wurde zur Metapher für Fremdwörter und invasive
Tier- und Pflanzenarten in heimischen Gärten. Noch
im Duden von 1963 las man als Beispiel für den Gebrauch des Wortes »lästig« ganz selbstverständlich:
»Man schob ihn als lästigen Ausländer ab (wies ihn
aus).«

MUSKEL-ADOLF UND
DIE IMMERTREUEN

Berlin war auch Hauptstadt des Verbrechens.
Zur Tarnung gründeten Gangster Vereine. Aufgenommen wurde nur, wer schon vorbestraft
war.

Von Nathalie Boegel

Sie trugen so unschuldig klingende Namen wie »Deutsche Kraft«, »Norden« oder »Weiße Rose«, waren im
Vereinsregister eingetragen und gaben sich als Gesellig-
keits-, Gesangs- oder Sportvereine aus. Doch das war
nur Tarnung, um sich treffen zu können, ohne Verdacht zu erregen. Denn um klassisches Vereinsleben
ging es in den sogenannten Ringvereinen nur am Rande – sie waren vielmehr der größte Zusammenschluss
von Straftätern, den es bis dahin in Deutschland gegeben hatte: eine Art Berufsverband für Kriminelle. Etwa
60 solcher Vereinigungen soll es in ihrer Hochphase
Ende der Zwanzigerjahre in Berlin gegeben haben, mit
schätzungsweise 1600 Mitgliedern.

Einer der berühmtesten Ringvereine war die Truppe »Immertreu«, gegründet 1919. Ihr Revier war die

trotz vieler Lokale wenig einladende Gegend rund um den Schlesischen Bahnhof in Berlin, den heutigen Ostbahnhof. Der Vereinszweck bestand angeblich darin, »Kollegen aus der Gastwirtschaftsbranche Stellen zu vermitteln« und nebenbei »dem Banditen- und Räuberwesen am Schlesischen Bahnhof Einhalt zu gebieten«.

Sie seien eine private Schutztruppe, die der »Polizei immer geholfen« habe, sagte der berühmt-berüchtigte Vereinsvorsitzende Adolf Leib, genannt »Muskel-Adolf«, in einer Gerichtsverhandlung aus. Den Schutzdienst gegen die »Banditen und Räuber« ließen sich die Immertreuen selbstverständlich gut und meist nicht freiwillig von den Gastwirten bezahlen. Schutzgelderpressung war eines ihrer Geschäftsfelder.

Die Vergnügungsindustrie, von der Kaschemme im Osten der Stadt bis zum vornehmen Etablissement im Berliner Westen, war in den Zwanzigerjahren fest in der Hand der Ringvereine. Sie vermittelten Schuhputzer und Toilettenfrauen, Portiers und Türsteher, Anreißer und Zettelverteiler, Bardamen und Animiermädchen. Die Vereine sorgten auch dafür, dass die Prostituierten, die »Pferdchen« der rund 10 000 Zuhälter, in bestimmten Lokalen einen Platz erhielten, damit das Gewerbe gleichbleibend florierte.

Gleichzeitig kümmerten sich die Kriminellen auch um die »Arbeitnehmerrechte« der Dirnen. Als der Geschäftsführer eines Berliner Vergnügungslokals einmal

Schlesische Lotterie: So mancher soll beim »Zocken« unter der Straßenlaterne ja mächtig was gewonnen haben. Erzählte man sich. Natürlich vor allem der »Jauner«, dem die Karten gehörten.

eine Tänzerin rauswarf, hatte er anscheinend nicht bedacht, dass diese bestens mit den mächtigen Unterweltlern vernetzt war. Die Lektion ließ nicht lange auf sich warten: Am folgenden Abend erschien keine einzige weibliche Angestellte zum Dienst, keine Kellnerin, keine Bardame, keine Tänzerin und auch keine Toilettenfrau. Auch alle weiblichen Stammgäste, die mit dem einen oder anderen Freier mitgegangen wären, blieben zu Hause. Die ersten Gäste des Abends verließen das Lokal nach kurzer Zeit wieder – enttäuscht und empört.

Zwei Stunden lang war das Etablissement so gut wie ausgestorben. Dann erschienen zwei elegant gekleidete Herren und ließen sich Sekt servieren. Sie teilten dem Geschäftsführer mit, er brauche nur die Tänzerin wieder einzustellen und ein Schmerzensgeld zu zahlen, innerhalb von 15 Minuten würde sein Laden wieder brummen. Keine Frage, wofür sich der Geschäftsführer entschied. Solche Vorfälle verschafften den Ringvereinen Respekt und eine beachtliche Machtstellung. Sie teilten die Stadt in Reviere und Kieze unter sich auf, damit sie sich untereinander nicht ins Gehege kamen.

Die Polizei hielt die Ringvereine jahrelang nur für ein kleines Übel, die Justiz sah über viele Gesetzesverstöße der selbst ernannten »Ordnungshüter« hinweg. Leitende Polizisten waren offenbar der Meinung, dass diese Organisation von Kleinkriminellen der Staatsmacht die Arbeit erleichtere, da man wusste, mit wem man es zu tun hatte und wo man die Betreffenden im Zweifelsfall finden konnte. Wenn die Berliner Polizei mal ein Vereinsmitglied vor Gericht stellen wollte, ließen sich in den seltensten Fällen Zeugen finden. Verpfiff jemand ein Mitglied, bekam er Ärger: So wurden einem Zigarrenhändler dreimal innerhalb eines Monats sämtliche Scheiben eingeschlagen. Zuvor hatte er die Polizei gerufen wegen einer Schlägerei vor seinem Laden, offenbar mit Ringverein-Beteiligung, was er nicht bedacht hatte. Diese Art der Zurechtweisung gehörte noch zu den harmlosen Methoden.

Erlitt ein Vereinsmitglied einen »Notfall«, landete etwa im Knast, erhielten seine Angehörigen aus der stets gut gefüllten Vereinskasse Geld zum Überleben. Allerdings mussten die Ehefrauen oder »Verlobten« einen gesitteten Lebenswandel nachweisen und ihrem eingesperrten Mann treu bleiben. Verließen sie den Pfad der Tugend, gab es eine Verwarnung, im Wiederholungsfall wurde die Alimentierung eingestellt.

Die Mitglieder der Ringvereine waren verpflichtet, sich nach außen anständig und bürgerlich zu verhalten, etwa keine Schlägereien anzuzetteln. In der Öffentlichkeit wollte man nicht unangenehm auffallen – deshalb auch die Tarnung als Verein. Das bedeutete auch, sich ordentlich zu kleiden, auf Rasur und Haarschnitt zu achten. Außerdem gab es einen moralischen Ehrenkodex: Sexualstraftäter und Mörder wurden nicht toleriert.

Ein Mädchen auf den Strich zu schicken, zu stehlen und zu hehlen – das ging allerdings in Ordnung. Mindestens einmal pro Woche trafen sich die Mitglieder zu einer gemeinsamen Sitzung, jedes Mitglied war verpflichtet, zu erscheinen und die anderen mit »Bruder« anzureden. Daneben sah man sich mehr oder weniger täglich. Die reicheren Vereine boten ihren Mitgliedern großzügige Treuegeschenke: Für einjährige Mitgliedschaft gab es etwa einen goldenen Siegelring mit den Initialen des Vereins, nach zwei Jahren eine goldene Uhr, nach fünf lockte ein einkarätiger Brillantring.

Mitglied werden in dieser »Gewerkschaft für Gauner« konnte jemand, wenn er vorbestraft war, zwei Bürgen beibrachte und sich an die Ehrbegriffe und Spielregeln hielt, aus Sicht der Kriminellen damit als »sauberer Junge« durchging. Erst mal gab es eine Mitgliedschaft auf Probe, der Neuling musste etwa Schmiere stehen bei einem Einbruch oder Aufpasser sein bei einer Versammlung. Klappte das zur Ganovenzufriedenheit, folgte nach drei bis vier Wochen die feierliche Aufnahme in den Verein. Die Vereinsmitglieder erschienen dazu in Frack und Zylinder, auf dem Tisch stand der Vereinswimpel, bei »Immertreu« lautete dessen Inschrift: »Lass Neider neiden, Hasser hassen, Was Gott uns gönnt, muss man uns lassen.«

Als 1933 die Nationalsozialisten die Macht übernahmen, gerieten die Ringvereine schnell unter Druck. Die Nazis lösten sie auf und ließen die meisten Mitglieder inhaftieren. Viele der Kriminellen wurden »auf der Flucht erschossen«. Selbst die hartgesottenen Männer der Ringvereine waren der Brutalität und dem Staatsterror des nationalsozialistischen Regimes nicht gewachsen.

»RAUS MIT DEN MÄNNERN!«

1919 saßen erstmals Politikerinnen in einem deutschen Parlament. Eine Revolution! Doch Vorurteile hielten sich hartnäckig.

Von Katja Iken

Am 17. Juni 1921 kommt es zu einer peinlichen Premiere: Erstmals in der Geschichte der jungen deutschen Republik raufen sich Abgeordnete im Parlament. Wutentbrannt stürzt sich der kommunistische Politiker Hermann Remmele auf Volksparteiler Fritz Mittelmann; nicht einmal Reichstagspräsident Paul Löbe kann den Tumult befrieden, der nach einem verbalen Missverständnis ausgebrochen ist. Erst als sich eine Frau den Streithähnen in den Weg stellt, halten die Herren inne.

»Ein kleines, rundes Persönchen, das das Herz auf dem rechten Fleck hat, erweist sich in diesem Augenblick als Mann«, schrieb die Berliner Tageszeitung »Der Tag« über den unerschrockenen Körpereinsatz der nationalliberalen Abgeordneten Margarete Behm. »Sie drängt sich mit Macht zwischen die Keilenden«, so die Zeitung – und beendet im Verein mit ihrer Kol-

75

legin Lore Agnes von den Unabhängigen Sozialdemokraten den Reichstagsradau.

Behm und Agnes gehörten zur Riege der ersten Politikerinnen, die in einem deutschen Parlament saßen.
Am 12. November 1918 hatte der Rat der Volksbeauf-
tragten das gleiche, geheime, direkte, allgemeine Wahlrecht für beide Geschlechter verkündet. In Scharen waren die Frauen an die Wahlurnen geströmt, um von
ihrem neuen Recht Gebrauch zu machen: 82 Prozent
der Frauen beteiligten sich an der Wahl zur Deutschen
Nationalversammlung am 19. Januar 1919. »Raus mit
den Männern aus dem Reichstag!«, schmetterte die
Berliner Sängerin Claire Waldoff angesichts des politischen Bebens von Weimar.

Die Wahl katapultierte 37 Frauen in die Nationalversammlung, 4 rückten nach. Mit 9,7 Prozent stellten die deutschen Frauen den höchsten Frauenanteil,
der international bis dahin in einem Parlament erreicht
worden war. Ein Rekordwert, der im Deutschen Bun-
destag erst 1983 mit dem Einzug der Grünen überflü-
gelt wurde. »Ziel eines Jahrhunderts – Beginn eines
Jahrtausends«, frohlockte Gertrud Bäumer (1873 bis
1954), wie die meisten der Gewählten eine Pionierin
der Frauenbewegung, über die politische Partizipation
von Frauen.

Von allen Parlamentarierinnen war die Pfarrerstoch-
ter, promovierte Germanistin und bürgerliche Feministin Bäumer in den Zwanzigerjahren mit der größten

Siegerinnen: Clara Zetkin (M.) hatte seit 1874 in der Frauenbewegung für das Frauenwahlrecht gekämpft. 1920 zog sie für die KPD in die Nationalversammlung ein. Neben ihr die Reichstagsabgeordneten Lore Agnes (l.) und Mathilde Wurm.

Machtfülle ausgestattet: Sie saß nicht nur im Deutschen Reichstag und war stellvertretende Vorsitzende der linksliberalen Deutschen Demokratischen Partei (DDP), sondern war seit 1920 auch Ministerialrätin im Reichsministerium des Innern sowie seit 1926 Delegierte des Deutschen Reiches beim Völkerbund. Sie wolle nicht eher sterben, schrieb ihre kranke Lebenspartnerin Helene Lange einmal, bevor Bäumer nicht ein Ministeramt bekleide. Enthusiastisch machte sich die Ausnahmegestalt, vom Parteifreund Theodor Heuss als »edle Erscheinung, mit einem schön durchgebildeten Antlitz« gepriesen, gemeinsam mit den anderen Parlamentarierinnen daran, die Männerdomäne Politik umzukrempeln.

Schon bei ihrer Jungfernrede in der Nationalversammlung stellte Bäumer unmissverständlich klar, dass sie nicht willens war, sich den männlichen Politgepflogenheiten anzupassen: »Meine Herren und Damen, ich werde nicht zwei Stunden reden«, frotzelte die damals 47-Jährige am 21. Februar 1919 über die oft langatmigen, redundanten Wortmeldungen ihrer Kollegen. Scharf rügte Bäumer den DVP-Abgeordneten Wilhelm Kahl, der sich in seiner Rede bewusst nur an die Männer der Nationalversammlung gerichtet hatte. Und sie machte deutlich, worum es ihr ging: »Wir stehen heute vor der großen und wundervollen Aufgabe, den sozialen Kulturstaat … zu schaffen … und dabei wollen wir Frauen helfen.«

Aufgrund ihrer Natur, so waren nicht nur bürgerlich-konservative, sondern auch die meisten linken weiblichen Abgeordneten überzeugt, seien Frauen in besonderem Maße dazu aufgerufen, sich für Themen wie Wohlfahrtspflege und Jugendarbeit, Frauen- und Mädchenbildung, Sittlichkeit und Mutterschutz einzusetzen. Mit Ausnahme weniger Parlamentarierinnen mieden weibliche Abgeordnete die sogenannte große Politik und konzentrierten sich stattdessen auf das, was 80 Jahre später, 1998, Bundeskanzler Gerhard Schröder spöttisch als »Familie und das ganze Gedöns« bezeichnete.

»Im Bereich der Sozialpolitik erlangten die Politikerinnen über alle Fraktionsgrenzen hinweg Einigkeit, hier bewirkten sie innerhalb kürzester Zeit Grandioses. Dafür müssen wir ihnen dankbar sein«, sagt die Historikerin Kerstin Wolff, Leiterin der Forschungsabteilung bei der Stiftung Archiv der deutschen Frauenbewegung. 1922 wurde auf maßgebliches Betreiben weiblicher Parlamentarierinnen das Jugendwohlfahrtsgesetz erlassen, was einer Geburtsstunde der Jugendämter gleichkam. Im gleichen Jahr erreichten die Politikerinnen die Zulassung von Frauen als Rechtsanwältinnen und Richterinnen. Sie erstritten Mindestlöhne und die Sozialversicherung für Heimarbeiterinnen (1924) sowie eine Erweiterung des Mutterschutzes (1927). Zudem setzten sie die Straffreiheit der Prostitution und damit die Abschaffung der Sittenpolizei durch (1927) – allesamt Themen, für die Feministinnen seit Jahrzehnten gekämpft hatten.

Ungeachtet dieser bahnbrechenden Erfolge, wurden die Schwerpunkte der Parlamentarierinnen, so Historikerin Wolff, vielfach als »Weiberkram« abgewertet und für weniger wichtig erklärt. »Man könnte sämtliche in Weimar gehaltenen Frauenreden streichen, und niemand würde den Mangel merken«, ätzte der deutschnationale Journalist Adolf Stein. Ähnlich beiterinnen um 9 Prozentpunkte. 1932 gab es bereits 12 000 Akademikerinnen sowie rund 20 000 Studentinnen, was rund einem Sechstel aller Studierenden entsprach.

mit der Bemerkung: »Meine Geduld ist am Ende, ich kann das Gekreisch von denen Weibsleut nicht mehr ertragen.« Journalist Stein sprach den Zentrumspolitikerinnen, die »allesamt etwas Mütterliches an sich« hätten, jegliche Fachkompetenz ab; Bäumers Vortrag wiederum sei wie ein »laues Bad, angenehm, aber nicht herzhaft«, so der Parlamentsberichterstatter.

Bäumer konterte energisch: Weibliche Abgeordnete, schrieb sie, hätten eine »wesentlich andere Art zu sprechen als ihre männlichen Kollegen«: Sie brächten ihre Argumente nicht durch »eintöniges Donnern und Schreien« hervor und zeichneten sich durch ihre »rasche Tatkraft« aus. Bäumer beklagte den großen »Prozentsatz der alten Männer« im Parlament und konstatierte 1919: Unter den Abgeordneten dominiere der »Typus der Menschen von vorgestern«, die männlichen Volksvertreter entstammten nicht eigentlich »dieser Zeit, ihrem Geist und Willen«.

Die im 19. Jahrhundert verwurzelten Beharrungskräfte, die althergebrachten Geschlechterrollen waren viel zu stark, als dass die Frauen während der kurzen Weimarer Republik die Chance gehabt hätten, die Politik grundlegend zu verändern, so die Historikerin Wolff. Die Weimarer Reichsverfassung von 1919 sei ein reines »Männerwerk«, beklagte die DDP-Abgeordnete Marie Baum.

Womit sie auch auf den Umstand anspielte, dass die Parlamentarierinnen es nicht geschafft hatten, die volle staatsbürgerliche Gleichberechtigung durchzusetzen: »Männer und Frauen haben grundsätzlich dieselben staatsbürgerlichen Rechte und Pflichten«, hieß es in Artikel 109 der Weimarer Reichsverfassung. Nur 20 der 38 anwesenden Parlamentarierinnen hatten sich bei der Abstimmung für die Streichung des kleinen, aber entscheidenden Wörtchens »grundsätzlich« ausgesprochen. Die Frauen waren »ungemein zurückhaltend in ihrem Auftreten«, kritisierte Frauenrechtlerin Regine Deutsch 1920 die zaghafte Attitüde vieler Parlamentarierinnen.

So blieben Frauen auch in der Weimarer Republik Staatsbürgerinnen zweiter Klasse – zumal am überalterten Familienrecht, wie es das Bürgerliche Gesetzbuch (BGB) im Jahr 1900 festgelegt hatte, nicht gerüttelt wurde. Mit der Heirat gab die Frau nach wie vor grundlegende Rechte ab, durfte beispielsweise weder über eigenes Geld noch über ihren Wohnort, Beruf oder ihre Kinder entscheiden.

Doch Protest dagegen war zwecklos, auch an der Wahlurne konnten sich die Frauen nicht wehren: Im Laufe der Zwanzigerjahre nahmen die Reichstagsmandate für Frauen kontinuierlich ab, bis sie 1933 einen Tiefstand von 4,3 Prozent erreichten. Die Einflussmöglichkeiten der Parlamentarierinnen schwanden stetig weiter – zumal sie keinesfalls zwangsläufig an einem Strang zogen: »Die ideologischen Unterschiede zwischen den sozialdemokratischen und kommunistischen

Frauen auf der einen Seite und den liberalen und konservativen Frauen auf der anderen Seite waren einfach zu groß, um über Detailfragen hinaus zu Gemeinsamkeiten zu gelangen«, betont Angelika Schaser, Professorin am Historischen Seminar der Universität Hamburg.

Der moralische Impetus, mit dem Parlamentarierinnen wie Bäumer angetreten waren, um die Politik zu befrieden und die Gesellschaft besser zu machen, konnte nicht eingelöst werden. In der Ermordung von Reichsaußenminister Walter Rathenau durch Rechtsradikale 1922 sah Bäumer »einen furchtbaren Beweis für die vollkommene Wirkungslosigkeit des Frauenstimmrechts auf den Ton und Geist der Politik« und forderte eine »Front des entschlossenen sittlichen Widerstands gegen die seelische Seuche«.

Doch weder solidarisierten sich die weiblichen Abgeordneten in einer eigenen Frauenpartei, wie dies etwa DVP-Politikerin Katharina von Kardorff-Oheimb 1924 angesichts des schwindenden Einflusses der Parlamentarierinnen gefordert hatte, noch hatten sie eine Chance gegen die Verrohung des politischen Diskurses – und den unverhohlenen Antifeminismus der NSDAP. Die Partei Adolf Hitlers drängte Frauen brutal aus der Politik, entzog ihnen das passive Wahlrecht, reduzierte sie auf ihre Rolle als Gebärende: »Die deutschen Frauen wollen ... in der Hauptsache Gattin und Mutter, sie wollen nicht Genossin sein ... Sie haben keine Sehnsucht nach der Fabrik, keine Sehnsucht nach dem Büro und auch keine Sehnsucht nach dem Parlament«, hieß es im »ABC des Nationalsozialismus«.

Die Feministin Helene Lange starb im Mai 1930, ohne dass ihre Lebenspartnerin Bäumer je Ministerin geworden wäre. Stattdessen wurde diese als »politisch unzuverlässig« eingestuft, aus dem Staatsdienst entlassen, später mit Redeverbot belegt. Andere Mitstreiterinnen Bäumers aus dem Reichstag flüchteten außer Landes oder in den Freitod, wurden verfolgt, verhaftet, ermordet. »Jetzt kommt eine Zeit, in der man ganz einfach seelsorgerisch aus persönlicher Verbundenheit arbeiten muss«, schrieb die entmündigte Bäumer 1933 in einem Brief, »das Äußere wird unwichtiger, weil man da nicht viel wird machen können.«

Die Grande Dame der bürgerlichen Frauenbewegung und Parlamentarierin der ersten Stunde zog sich resigniert ins Private zurück.

SCHNELLES WISSEN

WIE HOCH WAR DER FRAUENANTEIL IN DEN FRAKTIONEN DER NATIONALVERSAMMLUNG 1919?

Den größten Anteil stellten Frauen bei den Sozialdemokraten (USPD: 13,6 Prozent, MSPD: 11,5 Prozent). Nur einstellige Anteile erreichten Frauen indes bei der Zentrumspartei (6,7 Prozent), der Deutschen Demokratischen Partei (DDP: 6,8 Prozent), den Deutschnationalen (DNVP: 7,14 Prozent) und der Deutschen Volkspartei (DVP: 4,5 Prozent).

WIE WAR DAS FRAUENWAHLRECHT IN ANDEREN EUROPÄISCHEN LÄNDERN GEREGELT?

Pioniernation für das Frauenwahlrecht in Europa war Finnland (Einführung 1906), gefolgt von Norwegen, Island und Dänemark (1915). Zeitgleich mit Deutschland (1918) führten Polen, Österreich, Luxemburg und Lettland das Frauenwahlrecht ein. Auch in Großbritannien durften Frauen 1918 erstmals wählen, in Frankreich dagegen erst 1944 und in Italien 1946. Schlusslichter bildeten Griechenland (1952), die Schweiz (1971) und Liechtenstein (1984).

WIE VIELE FRAUEN WAREN ERWERBSTÄTIG?

Im Jahr 1914 war knapp ein Drittel der Frauen in Deutschland berufstätig, bis 1925 stieg die Erwerbsquote auf 36 Prozent: Zu diesem Zeitpunkt ging die Hälfte aller Frauen im erwerbsfähigen Alter einer Arbeit nach. Der Anteil der Beamtinnen beziehungsweise weiblichen Angestellten verdreifachte sich zwischen 1907 und 1925 von 3,9 auf 12,6 Prozent – im gleichen Zeitraum sank der Anteil der Arbeiterinnen um 9 Prozentpunkte. 1932 gab es bereits 12 000 Akademikerinnen sowie rund 20 000 Studentinnen, was rund einem Sechstel aller Studierenden entsprach.

WELCHE VORBEHALTE GAB ES GEGEN DAS FRAUENWAHLRECHT?

EIN STIMMUNGSBILD

»Die Suffragetten haben den Beweis dafür erbracht, daß die politische Tätigkeit ... das leichter erregbare willenszähe Weib zur Megäre macht, und daß Disziplin und Achtung vor dem Gesetz ... selbst bei gebildeten Frauen in so geringem Maße zu erwarten sind, daß der Staat sich selbst aufgeben würde, wenn er das weibliche Geschlecht zur Mitherrschaft heranzöge.«

Denkschrift des Deutschen Bundes gegen
die Frauenemanzipation, 1916

»... weisen eindringlich darauf hin, daß der Sieg des Frauenstimmrechts auch die endgültige Unterwerfung des Mannes unter amtlich bestellte weibliche Vorgesetzte bedeutet.«

Deutscher Bund gegen die Frauenemanzipation:
»Aufruf«, 1914

»Frauen sind körperlichen und geistigen Anstrengungen in der Regel viel weniger gewachsen wie Männer ... Sie sind daher häufig weltunkundig, Gefühlspolitikerinnen, von medizinischen, politischen und anderen Schwindlern, selbst von Wahrsagerinnen, weit leichter zu dupieren wie Männer.«

Karl Walcker: »Die Frauenbewegung«, 1896

»An den deutschen Hausvater! Deiner Frau und Deinen Töchtern von 20 Jahren an ist das Wahlrecht verliehen worden! Ihre Stimmen werden bei den Wahlen zur Nationalversammlung maßgebend sein, sogar entscheiden, denn die Frauen sind in der Überzahl! ... Ob Du, dessen Wort in Deiner Familie gilt, einverstanden bist mit diesem neuen Wahlrecht? Nun, man hat Dich nicht gefragt! ... Wollt Ihr unmutig beiseite stehen ... oder doch Eure Frauen und Töchter zurückhalten mit der Begründung: die Frau gehört ins Haus?«

Flugblatt 4 der Vereinigung evangelischer
Frauenverbände Deutschlands, 1919

»Der männliche Charakter des deutschen Staates und seine Blüte verhalten sich wie Ursache und Wirkung, und seine allmähliche Verweiberung, die in der

Frauenstimmrechtsbewegung, bewußt oder unbewußt, erstrebt wird, würde nichts Geringeres als seinen Niedergang bedeuten ... als unausbleibliche Folge der demokratisch-feministischen, antimilitaristischen Knochenerweichung.«

Käthe Becker-Sturmfels in ihrem Buch
»Krank am Weibe«, 1906

»FRAUEN WÄHLTEN KONSERVATIVER«

Welchen Einfluss hatten die Frauenstimmen auf die Politik der Zwanzigerjahre? Der Politologe Jürgen W. Falter erklärt im Interview, was man über die Wählerinnen von damals weiß.

Ein Interview von Frank Patalong

SPIEGEL: 1919 wurde endlich das Frauenwahlrecht eingeführt. Wie reagierten die Frauen auf ihr Mitbestimmungsrecht?

Falter: Flächendeckende, repräsentative Untersuchungen, wie wir sie heute aus der Wählerstatistik des Statistischen Bundesamts kennen, gab es damals nicht. Nach öffentlichen Äußerungen von Vorkämpferinnen der Frauenrechte wie auch der politischen Linken insgesamt kam die Einführung des Frauenwahlrechts gut an, naturgemäß. Allerdings beteiligten sich Frauen an sämtlichen Wahlen der Weimarer Republik unterdurchschnittlich häufig.

SPIEGEL: Für das Wahlrecht hatten vor allem die Linken gestritten. Welche Parteien profitierten von den neuen Wählerinnen?

Falter: Es ist eine gewisse Tragik der Geschichte, dass es nicht die linken und linksliberalen Parteien waren, sondern vor allem solche, die einer der beiden großen Konfessionen nahestanden. Also auf katholischer Seite das Zentrum und die Bayerische Volkspartei, auf der evangelischen Seite die DNVP (Deutschnationale Volkspartei), die DVP (Deutsche Volkspartei) und später der Christlich-Soziale Volksdienst, der in einzelnen Regionen und Gemeinden fast doppelt so viele Frauen- wie Männerstimmen erhielt.

SPIEGEL: Waren die Frauen konservativer als ihre Männer?

Falter: Frauen fühlten sich stärker als Männer den Kirchen verbunden und wählten dementsprechend. Extremistische Parteien hatten es dagegen bei Frauen schwer. Gerade im Ruhrgebiet konnte man beobachten, dass die Männer häufig KPD wählten, während ihre noch der katholischen Kirche verbundenen Frauen nach wie vor dem Zentrum die Stimme gaben.

SPIEGEL: Wie hätten die Weimarer Wahlergebnisse ausgesehen, wenn es kein Frauenwahlrecht gegeben hätte?

Falter: Die Nationalversammlung wäre insgesamt linker gewesen. Die drei Parteien links der Mitte, nämlich die SPD, die USPD und die KPD, hätten mehr Mandate erzielt, als sie es unter dem gegebenen Wahlrecht taten. Auch die NSDAP wäre stärker gewesen; Zentrum, Bayerische Volkspartei und DNVP dagegen schwächer.

An den grundsätzlichen Mehrheitsverhältnissen hätte das allerdings wenig geändert.

SPIEGEL: Wählen Frauen grundsätzlich weniger radikal als Männer?

Falter: Bis heute haben es als radikal angesehene Parteien bei Frauen deutlich schwerer als bei Männern. Im organisierten Rechtsextremismus finden sich ebenfalls deutlich weniger Frauen als Männer, wobei auf der Einstellungsebene die Unterschiede zwischen Männern und Frauen deutlich geringer sind als auf der manifesten Verhaltensebene. Hier scheinen andere Verhaltensvorstellungen eine Rolle zu spielen. Frauen sind beispielsweise viel weniger häufig an Gewaltverbrechen, Ausschreitungen von Hooligans oder Straßengewalt beteiligt. Die Ursachen hierfür müssen allerdings noch näher untersucht werden.

SPIEGEL: Die Nazis drängten später die Frauen wieder aus den Parlamenten – schlicht, indem sie keine zur Wahl stellten. Was für ein Denken stand dahinter?

Falter: Der offiziellen Parteidoktrin der Nationalsozialisten zufolge hatten Frauen im öffentlichen Leben keine herausgehobene Rolle. Sie sollten für die Familie da sein, Kinder kriegen und aufziehen, für Küche und Keller sorgen.

SPIEGEL: Kommen solche Ideen heute wieder zurück?

Falter: In einzelnen subkulturellen Gruppierungen hat dieses Rollenbild der Frau durchaus immer eine gewisse Bedeutung gehabt. Allerdings geht selbst die im eigenen Verständnis dezidiert konservative Partei AfD insoweit mit der Zeit, als sie selbstverständlich Kandidatinnen und weibliche Vorstandsmitglieder hat – und sogar weibliche Aushängeschilder wie Alice Weidel oder Beatrix von Storch nach vorn stellt.

Jürgen W. Falter, geboren 1944, erforscht an der Universität Mainz unter anderem das Wahlverhalten in der ersten Hälfte des 20. Jahrhunderts.

KAMPF ALS LEBENSZWECK

Die politische Kultur der Zwanziger war von
Brutalität geprägt. Wie kam es dazu?

Von Uwe Klußmann

Das politische Experiment begann im Laborraum des
Madgeburger Chemiefabrikanten Franz Seldte. Vier
Tage nach der Abdankung von Kaiser Wilhelm II.,
am 13. November 1918, versammelte Seldte, Haupt-
mann des Heeres, rund ein Dutzend Kameraden aus
seinem Infanterieregiment um sich. Für die Soldaten
war, wie für Millionen andere Deutsche, gerade eine
Welt zusammengebrochen: Der Erste Weltkrieg war
verloren. Der Kaiser hatte abgedankt und sich in die
Niederlande abgesetzt. Auf den Straßen marschierten
Soldaten mit roten Fahnen, gründeten Arbeiter- und
Soldatenräte und rissen Offizieren die Rangabzeichen
von der Uniform. Die alte bürgerliche Welt war Geschichte.

Der Unternehmer Seldte hatte 1916 an der Westfront den linken Arm verloren, bis zum Kriegsende war
er dann in der Kriegspropaganda tätig gewesen. Nun
wollten er und seine einstigen Kameraden sich gegen

die Revolution wehren, die sie als »Schweinerei« emp-
fanden. Um den »guten Geist der Front« zu bewahren,
gründeten sie am 25. Dezember 1918 den »Stahlhelm,
Bund der Frontsoldaten«, Bundesführer wurde Franz
Seldte. Der Stahlhelm war einer der ersten paramilitärischen Kampfverbände, die nach Kriegsende entstanden. Mit Botschaften voller Hass und mit körperlicher
Gewalt machten radikale Rechte wie revolutionäre
Linke gegen die junge Republik mobil. Sie brachten ein
Klima von Brutalität in die politische Kultur der Republik, die die Zwanzigerjahre entscheidend prägten.
»Gewalt war Politik, und Politik war Gewalt«, urteilt
der irische Historiker Mark Jones in seiner 2017 er-
schienenen Studie »Am Anfang war Gewalt« über die
Anfangsphase der Republik.

Die von rechten Sozialdemokraten geführte Reichsregierung hatte bereits nach der Novemberrevolution
1918/19 »Freikorps« mobilisiert und den Regierungstruppen weitgehende Befugnisse erteilt. Die ehemaligen Frontsoldaten und gewaltbereiten Offiziere, die
sich in den Freikorps zusammenfanden, sollten gegen
linke Revolutionäre vorgehen, die sich im »Spartakus-
aufstand« um die Kommunisten Karl Liebknecht und
Rosa Luxemburg geschart hatten. Am 15. Januar 1919
ermordeten Freikorps-Männer Luxemburg und Liebknecht in Berlin. Befohlen hatte den Mord der Ge-
neralstabsoffizier Waldemar Pabst, der für seine Tat
nie bestraft wurde.

Scharfer Einsatz: Mit einem Generalstreik kämpften Linke im März 1919 um die Sozialisierung von Schlüsselindustrien. Auch im Januar tobten bereits Straßenschlachten. Gegen die Spartakisten schickte die Regierung Truppen und Freikorps (hier abgebildet): »Jede Person, die mit Waffen in der Hand, gegen Regierungstruppen kämpfend, angetroffen wird, ist sofort zu erschießen.«

Der von der Reichsregierung gebilligte Mord an Liebknecht und Luxemburg setzte den Ton für die politische Brutalität der kommenden Jahre. »Der in dieser Phase begründete Kult der Militanz (führte) Spielarten der Gewalt ins politische Leben der Weimarer Republik ein ... die mit unterschiedlicher Intensität bis zur Errichtung des Dritten Reichs fortdauerten«, schreibt Mark Jones. Als die Regierung die Freikorps 1920 auflöste, wurden manche der Kämpfer zu Rechtsterroristen. Am 26. August 1921 erschossen die beiden

Marineoffiziere a. D. Heinrich Schulz und Heinrich Tillessen den ehemaligen Finanzminister Matthias Erzberger. Die Ultrarechten hassten ihn, weil er im November 1918 als Beauftragter der Reichsregierung den Waffenstillstand unterzeichnet hatte.

Knapp ein Jahr später, am 24. Juni 1922, erschossen zwei Rechtsextremisten den deutschen Außenminister Walther Rathenau auf seinem Weg ins Ministerium. Der Liberale Rathenau war bei den Nationalisten als »Erfüllungspolitiker« verhasst. Der Vorwurf bezog sich auf die Erfüllung der harten Bedingungen des 1919 geschlossenen Friedensvertrags von Versailles, der im Jargon der Rechten auch »Schandvertrag« genannt wurde. Vor dem Attentat hatten militante Rechtsextreme regelmäßig ein antisemitisches Schmählied auf den Außenminister angestimmt: »Auch Rathenau der Walther / Erreicht kein hohes Alter / Knallt ab den Walther Rathenau / Die gottverdammte Judensau.«

Die Mörder Erzbergers und Rathenaus waren auch Anhänger der rechtsextremen »Organisation Consul« (OC), einer Art Todesschwadron mit etwa 5000 Mitgliedern. Der Gruppierung gehörten viele Offiziere an, darunter auch Teilnehmer des rechtsradikalen Kapp-Putsches vom März 1920, der die Republik an den Rand eines Bürgerkriegs gebracht hatte. Bei diesem Putsch war auch Kapitänleutnant Manfred von Killinger maßgeblich beteiligt gewesen, der 1921 als Führungsmitglied der OC den Mord an Erzberger befahl.

Die gewaltbereite Subkultur bewegte sich zwischen Marschmusik und Mordlust. In seinem Erinnerungsbuch »Ernstes und Heiteres aus dem Putschleben« zitierte Killinger den Text eines Liedes, das er damals mit seinen Kameraden gern sang: »Warum denn weinen/Wenn ein Putsch zu Ende geht/Da schon der nächste/Wieder in Erwartung steht.« Ähnlich klang auch das »Stahlhelm-Kampflied«, das die Mitglieder des Frontsoldatenbundes auf Kameradschaftsabenden und bei Aufmärschen sangen: »Wir Kämpfer im grauen Gewande/Stehn ständig zum Kampfe bereit./Wir tilgen die Schmach und die Schande/Aus angstvoll erbärmlicher Zeit.«

Über die Ursachen der politischen Gewalt in den Zwanzigerjahren diskutieren Geschichtsforschende kontrovers. War die Etablierung der Gewalt als Mittel der Politik eine Reaktion der Regierung auf die linken Massenproteste Ende 1918, weil diese damit eine »ernste Bedrohung für die innere Sicherheit« abwehren wollte? Diese These vertritt der Münchner Historiker und Direktor des Instituts für Zeitgeschichte Andreas Wirsching. Die Angst vor einem Bürgerkrieg und kommunistischen Umsturz, so Wirsching, habe eine Atmosphäre der »Notwehr« geschaffen. Doch die Bekämpfung linker Aufständischer sei »mit unverhältnismäßigen Mitteln« erfolgt, urteilt Wirsching.

Der Göttinger Historiker Dirk Schumann hingegen weist darauf hin, dass die »Gefahr eines gewaltsamen

Umsturzes« von links selbst im Krisenjahr 1932 nie bestand. Schumann sieht die »wachsende Gewaltbereitschaft der radikalen Rechten« als treibenden Faktor bei der Eskalation politischer Straßenkämpfe. Vieles spricht dafür, dass der Erste Weltkrieg in doppelter Hinsicht das Gewaltmilieu der Nachkriegszeit prägte: Der Krieg hatte viele Teilnehmer verroht und politisch polarisiert. Und er verschärfte die soziale Spaltung der Gesellschaft.

Die Sozialdemokraten gründeten 1924 zusammen mit dem katholischen Zentrum und der liberalen DDP einen paramilitärischen Verband, das »Reichsbanner Schwarz-Rot-Gold«. Dieser Männerbund setzte sich für den Erhalt der Republik ein, mit etwa 1,5 Millionen Mitgliedern war das Reichsbanner die größte politische Massenorganisation der Zeit.

Dessen Hauptgegner war zunächst die Stahlhelm-Organisation, der stärkste Wehrverband gegen die republikanische Ordnung – und mit seiner Mobilisierungskraft ein wichtiges Symbol der nationalistischen Republikfeinde: Lud der Stahlhelm, etwa im Januar 1926 zum »Zapfenstreich« auf dem Domplatz in Magdeburg, kamen trotz Kälte mehrere Tausend Teilnehmer. Sie sangen das Deutschlandlied in allen Strophen und hörten ein »friderizianisches Flötenkonzert« mit Kompositionen des Preußenkönigs Friedrich II.

Mitte der Zwanzigerjahre hatte der Stahlhelm rund 300 000 Mitglieder, um 1930 waren es einschließlich der Jugendorganisation »Jungstahlhelm« etwa 500 000. Zu »Reichsfrontsoldatentagen« des Verbandes kamen Zehntausende. Große Teile der Bevölkerung waren beeindruckt, wenn die grau uniformierten Veteranen Straßen und Plätze füllten, untermalt von Marschmusik der Stahlhelm-Kapellen. Die Organisation, formal überparteilich, stand der Deutschnationalen Volkspartei (DNVP) nahe. Die DNVP war mit Großgrundbesitzern verbandelt, die einen autoritären Staat wollten.

Im April 1925 unterstützten die Stahlhelm-Mitglieder die Wahl des früheren Generalfeldmarschalls Paul von Hindenburg zum Reichspräsidenten. Hindenburg war seit 1924 Ehrenmitglied des Stahlhelm. Nach dessen Wahl zum Staatsoberhaupt gab der Stahlhelm die Parole aus: »Hinein in den Staat.« Versöhnung mit der Republik war damit aber nicht gemeint – der Stahlhelm wollte die neue Ordnung von innen aushöhlen.

Was die Organisation von der Demokratie und der Republik hielt, hatte sie bereits am 4. November 1923 deutlich gemacht. Da wandte der Bund sich »im Namen von Millionen ehemaliger Soldaten« an Reichskanzler Gustav Stresemann »mit der Forderung, nunmehr umgehend eine nationale Diktatur zu schaffen«. Der Stahlhelm propagierte eine »deutsche Volksgemeinschaft im Sinne des Fronterlebens«. Wer nicht dazugehören durfte, legten Stahlhelm-Gauführer im März 1924 fest: »Juden können nicht in den Stahlhelm aufgenommen werden.« Bereits im Januar des Jahres hatte der Bundesvorstand den Kampf gegen »fremd-rassige Einflüsse« proklamiert.

Dass rechtsextreme Mörder hingegen als Teil der Volksgemeinschaft willkommen waren, demonstrierte der Stahlhelm im Januar 1928. Da forderte dessen Zeitung eine Amnestie für rechtsradikale, politisch motivierte Mörder. Der Stahlhelm rief zu einer »Schulz-Spende« auf, benannt nach Heinrich Schulz, einem der Mörder Erzbergers: Es gehe um eine Unterstützung jener Männer, die »aus ideellen Gründen sich strafbar gemacht haben«.

Immer wieder kam es zu gewalttätigen Auseinandersetzungen zwischen Mitgliedern des Stahlhelm, die versprachen, aus Deutschland ein »Bollwerk gegen den Bolschewismus« zu machen, und Anhängern der Kommunistischen Partei Deutschlands (KPD). Die KPD war nach 1919 mit dem Versuch gescheitert, den Impuls der Russischen Revolution nach Deutschland zu bringen. Der letzte blutige Versuch einer gewaltsamen kommunistischen Machtübernahme war der Hamburger Aufstand im Oktober 1923, der allerdings ohne Erfolg blieb.

Um dem Stahlhelm und anderen militanten Nationalisten wie der Sturmabteilung (SA) der NSDAP einen paramilitärischen Kampfverband entgegenzusetzen, initiierte die KPD 1924 den »Roten Frontkämpferbund« (RFB). In seinem Aufruf zur Gründung forderte er eine Vereinigung gegen das »heuchlerische, kapitalistische, faschistische sogenannte ›Frontsoldaten‹-Pack«. Auch im Roten Frontkämpferbund sammelten sich vor allem Teilnehmer des Ersten Weltkriegs. Ende 1928 hatte die Truppe rund 150 000 Mitglieder. Deren Lebensgefühl drückte ein dichtender Mitstreiter im Januar 1925 im RFB-Organ »Die Rote Front« aus: »Im Schlamm der Trichter, Kameraden / und unter Leichenhaufen / wurden wir rote Soldaten.«

Der KPD-Vorsitzende Ernst Thälmann war von 1925 an in Personalunion auch RFB-Bundesführer. Um seine Stärke zu demonstrieren, mobilisierte der RFB im Mai 1926 etwa 50 000 Kämpfer, die zu »Roten Pfingsten« nach Berlin kamen. Bei einem Antikriegstag in Leipzig versammelte der RFB im August 1928 rund 60 000 Anhänger. Die RFB-Mitglieder traten mit grauem Hemd, Breeches-Hosen, Koppelschloss, Schulterriemen und »Strapazierstiefeln« auf. Die Kommunisten wussten, dass auch ihre Anhänger eine Affinität zu Uniformen hatten.

Anziehend wirkten die RFB-Aufmärsche auch durch Trommler und Schalmeienkapellen. Zu einem Spielmannszug des RFB im saarländischen Wiebelskirchen gehörte Ende der Zwanziger auch der Dachdeckerlehrling Erich Honecker, später Staatsratsvorsitzender der DDR. Honecker war Mitglied der RFB-Organisation »Rote Jungfront«. Deren Genossen stimmten immer wieder das Lied »Wir sind die erste Reihe« an. Darin hieß es: »Sprung auf die Barrikaden / Heraus zum Bürgerkrieg, ja Krieg/Pflanzt auf die Sowjetfahnen/Zum blutig-roten Sieg.«

Doch die martialischen Aufmärsche und die Bürgerkriegsrhetorik des RFB täuschten. Interne Dokumente der KPD zeigen, dass es mit der »Verwurzelung des RFB in den Massen«, von der KPD-Chef Thälmann tönte, nicht weit her war: Der RFB litt unter starker Fluktuation, und nur ein Prozent der Mitglieder hatte eine mittlere oder höhere Schulbildung. KPD-Funktionäre monierten im RFB das Treiben »lumpenproletarischer Elemente«.

Häufig kam es bei Krawallen von Rotfrontkämpfern mit Mitgliedern des Stahlhelm und SA-Leuten zu Messerstechereien und Schusswechseln. Dabei gab es Schwerverletzte und Tote. Allein von 1930 bis 1932 kamen durch politisch motivierte Gewalt von rechts mehr als 400 Menschen ums Leben, so der Historiker Hans-Ulrich Wehler. Angeheizt wurde der schleichende Bürgerkrieg auch durch Stahlhelm-Führer Seldte, der 1927 in einem Aufruf zum »Reichsfrontsoldatentag« in Berlin seine Kameraden aufforderte, »das deutsche Volk von der Pest der Rot-Front-Bewegung zu befreien«.

Im Mai 1929 verbot der sozialdemokratische Reichsinnenminister den RFB – wegen »Gefährdung der Sicherheit und des Bestandes des Deutschen Reiches«. Unter dem Schutz der legalen KPD wurde der RFB illegal fortgeführt. 1930 schuf die KPD eine legale Ersatz-

Harte Hand: Weil die SPD-Regierung den Mai-Aufmarsch verboten hatte, kam es 1929 zu Krawallen. Die Polizei räumte eine Straße am Hermannplatz.

organisation für den illegalen RFB, den »Kampfbund gegen den Faschismus«. Der trat mit Zehntausenden Mitgliedern zu Straßenkämpfen an, weithin wahrgenommen als Roter Frontkämpferbund.

Der Stahlhelm hingegen wurde nicht verboten, trotz der »Fürstenwalder Hassbotschaft«, die der Stahlhelm-Landesvorsitzende in Brandenburg im September 1928 proklamiert hatte. Darin hieß es: »Wir hassen diesen Staatsaufbau«, weil er die »Aussicht« versperre, »den notwendigen deutschen Lebensraum im Osten zu gewinnen«.

Der »deutsch-völkische Gedanke« und »völkisches Empfinden« waren in den Zwanzigerjahren im Stahlhelm dominant. Von 1930 an geriet die Organisation in den Sog des Nationalsozialismus, die Sympathie für Hitlers NSDAP wuchs, jüngere Mitglieder begannen, zur »Sturmabteilung« (SA) der NSDAP überzulaufen. Sie formierte nun eine neuartige militante Subkultur, anziehend nicht mehr nur für ehemalige Frontsoldaten, sondern vor allem für junge Männer um die zwanzig. In »Sturmlokalen« und SA-Kasernen pflegten sie engen Zusammenhalt, vom Berliner NSDAP-Gauleiter Joseph Goebbels als »Sozialismus der Tat« gepriesen. Ihr Lebensgefühl brachte ein Mitglied auf die Formel: »Kämpfen ist zu unserem Lebenszweck und Ziel geworden.«

Wie der in Großbritannien lehrende Historiker Daniel Siemens in seiner fulminanten Studie »Sturmabteilung« zeigt, versechsfachte die SA allein von Januar 1931 bis August 1932 ihre Mitgliedschaft auf 445 000. Die SA, die, so Siemens, »viele Merkmale einer sozialen Bewegung aufwies«, habe sich als Kraft einer »kollektiven nationalen Willensbildung« gesehen.

Der Stahlhelm bezog seine – abnehmende – Energie aus dem Schmerz über den Untergang des Kaiserreichs. Die SA hingegen präsentierte sich als kommende, »revolutionäre« Elite. Das machte sie anziehend. Auch Anhänger des Stahlhelm bekannten sich 1931 zu »Banden des Blutes und der Rasse« und waren kaum noch von der NSDAP zu unterscheiden. Das Gros der Mitglieder stimmte bei den Reichspräsidentschaftswahlen 1932 für Hitler, der gegen Hindenburg und Thälmann antrat.

Als Hindenburg am 30. Januar 1933 Hitler zum Reichskanzler ernannte, marschierte der Stahlhelm mit der SA bei einem Fackelzug durchs Brandenburger Tor. Bald darauf bildeten Stahlhelm-Mitglieder und SA eine Hilfspolizei, die politische Gegner auf der Linken, vor allem Kommunisten, festnahm. Zur Reichstagswahl am 5. März 1933 formierte der Stahlhelm mit Deutschnationalen die »Kampffront Schwarz-Weiß-Rot«. Die »Kampffront« erhielt 8 Prozent der Stimmen und verschaffte der NSDAP, die 43,9 Prozent erhalten hatte, die für den Machterhalt nötige absolute Mehrheit im Reichstag.

Propagandaminister Joseph Goebbels schrieb im April 1933 in sein Tagebuch: »Der Stahlhelm sträubt sich noch. Aber verschluckt wird er doch.« Das geschah 1933/34 durch eine Überführung der Stahlhelm-Mitglieder in die SA und endete in der formalen Auflösung des Bundes Ende 1935. Damit endete die Geschichte des »Stahlhelm, Bund der Frontsoldaten« so, wie es Goebbels in einer Broschüre mit dem prophetischen Titel »Wege ins Dritte Reich« 1927 prognostiziert hatte: »Wir Nationalsozialisten sind wirklich so vermessen, zu glauben, daß wir und wir ganz allein die Träger des kommenden Staatsgedankens sind.«

SCHNELLES WISSEN

WIE VIELE POLITISCHE MORDE GAB ES IN DER WEIMARER REPUBLIK?

Über die Gesamtzahl der Opfer politisch motivierter Gewaltakte gibt es keine belastbaren Statistiken. Sie wären auch definitionsabhängig. Schon bis 1922 zählt man 376 politische Morde. Oder sollte man auch die Opfer der zahlreichen Revolten, Putschversuche und Schlägereien hinzurechnen? Allein bis zum Ende des Ruhraufstands 1920 hatten rechte Milizen mehr als tausend »Aufständische« getötet.

IM FEUER DER BILDER

Die Leica-Kleinbildkamera machte erstmals
Schnappschüsse möglich. Viele Bilder hatten politische Sprengkraft.

Von Nils Klawitter

Als Ernst Leitz im März 1925 auf der Leipziger Messe die Kleinbildkamera Leica präsentierte, verspotte-
ten manche das Ding als Spielzeug. Sie lachten zu früh.
Denn der kleine Apparat, verkauft mit Ledertasche
und Entfernungsmesser für 270 Mark, war eine jener
Innovationen, deren Bedeutung weit über ihren eigent-
lichen Anwendungszweck hinausreicht.

Bis dahin war das Fotografieren eine aufwendige
Angelegenheit gewesen: Entweder man nutzte Mittel-
format-Rollfilmkameras, die allerdings keine profes-
sionelle Qualität boten. Oder man griff zu Großbild-
Plattenkameras, die aber Aktentaschengröße erreichten.
Gut fünf Kilogramm hatte ein Fotograf mit Platten, Ka-
meras und Stativ zu schleppen, für gerade einmal zwölf
Aufnahmen.

Die Kleinbildkamera nahm dem Fotografieren nun
Schwere und Umständlichkeit. Leitz' Kamera wog nur

425 Gramm und passte in die Jackentasche. Der neuartige 35-Millimeter-Rollfilm ließ sich nach jedem Bild
einfach weiterspulen. Bereits im ersten Jahr verkauften
die Leitz-Werke in Wetzlar 900 Apparate. In den Jahren danach löste die Kamera eine regelrechte Massen-
bewegung aus: Der Apparat wurde zum Handwerks-
zeug des modernen Bildjournalismus, er befreite die
Fotografen – und ihre Bilder.

Ins Rollen gekommen war die Revolution an einem
Junitag 1924. In Wetzlar hatte Ernst Leitz, Chef der
Leitz-Werke, seine Führungskräfte einbestellt. Bisher
hatten die 1700 Mitarbeiter des 1869 gegründeten
Optikspezialisten vor allem Mikroskope gebaut, doch
die wirtschaftliche Lage war bedenklich. Nun ging
es um die Frage, ob die Firma ein Wagnis eingehen
und eine Erfindung in Produktion geben sollte, eine
Liliputkamera, die es bisher so nicht gab. Der Leiter
der Versuchsabteilung, Oskar Barnack, hatte sie entwickelt.

Der Chef saß mit seinem Entwickler vor den Managern, von denen »die meisten gegen den Apparat waren«, wie Leitz sich in einem Radiointerview erinnerte. Schließlich hatte die Firma auf dem Massenmarkt
bisher keine Erfahrung. Leitz hingegen sah die Vorteile
der Neuentwicklung: Sie war leicht zu bedienen, hand-
lich und innerhalb von Sekunden bereit für die nächste
Aufnahme. »Die kleine Kamera wird verlangt, da bin
ich mir sicher.«

Fast zwei Jahrzehnte lang hatte Barnack an seiner Idee getüftelt. Bereits um 1905, so schilderte es der an Asthma leidende Erfinder, selbst leidenschaftlicher Fotograf, habe er sich beim »Hinaufkeuchen« auf die Höhen des Thüringer Waldes Gedanken gemacht, ob das Fotografieren nicht auch ohne das ganze Gepäck ginge.

Als er 1911 zu Leitz kam, konstruierte er einen Apparat, der statt der unhandlichen gläsernen Negativplatten den schmalen Kinofilm aus Zelluloid als Negativ nutzte. Eine Vergrößerung auf Postkartenformat sah bereits vielversprechend aus. Um noch besser aufgelöste Bilder zu bekommen, verdoppelte Barnack das Negativ des einzelnen Kinobilds noch einmal in der Breite: »24 mm breit, 36 mm lang. So entstand das Leica-Format.«

Auch andere Firmen hatten an mobilen Kameras gearbeitet, allerdings überzeugten deren Modelle nicht: »Viele der damaligen Versuche waren Eintagsfliegen, die nicht in Serie gingen«, sagt Hans-Michael Koetzle, Herausgeber des Buches »Augen auf!«, das zum 100. Geburtstag der Ur-Leica im Jahr 2014 erschien: »Man überforderte die Kameras mit zu vielen Details.« Barnack dagegen habe zuerst die Größe der Kamera festgelegt und dieser alles untergeordnet. »Die erste Leica war ja nicht größer als ein Smartphone, nur etwas dicker«, so Koetzle. Eine der ersten Liliputkameras, die Barnack gebaut hatte, hatte Ernst Leitz 1914 auf eine USA-Reise mitgenommen. Trotz des noch nicht opti-

Historischer Schnappschuss: Die Handlichkeit der kleinen Kamera machte den Fotografen zum »Foto-Reporter« – einem Zeugen, der spontan und schnell ablichten konnte, was er sah. Das Hochwasser in Wetzlar fotografierte Oskar Barnack 1920.

malen Objektivs war er mit erstaunlichen Bildern zurückgekehrt. »Im Auge behalten«, bemerkte der Firmenchef nach der Rückkehr.

Seither hatten die Techniker ein 50-Millimeter-Objektiv entwickelt, dessen Auflösungsvermögen für außergewöhnlich scharfe Bilder sorgte. Sicher, so Leitz, die Leute der »Berliner Illustrierten«, denen er bereits im Krieg Modelle der Vorserie angeboten hatte, hätten die Kamera »als Spielzeug« abgelehnt. »Doch Irren ist menschlich«, so der Firmenchef souverän gegenüber seinen Managern.

Die Bilder, die Barnack mit den Testkameras gemacht hatte, um deren Alltagstauglichkeit zu beweisen, hatten Leitz endgültig zum Fan gemacht: Ob der Konstrukteur die eigenen Kinder knipste oder die Flutkatastrophe in Wetzlar 1920 – die authentische Spontaneität dieser Aufnahmen, so Koetzle, »war nichts weniger als eine Emanzipation des Blicks«. Es war das, was die fotografische Avantgarde bald als »Neues Sehen« propagierte.

Es war mittags gegen halb eins an jenem Junitag 1924, als Ernst Leitz entschied: »Es wird riskiert.« Statt den Apparat erst einmal nur vereinzelt für Künstler zu bauen, ließ er ihn gleich in Serie produzieren. »Leitz war überzeugt, eine technische Sensation in den Händen zu halten«, sagt Koetzle.

1925, das Jahr, in dem die Kamera in die Geschäfte kam, war ein Schlüsseljahr der Moderne: In diesem Jahr erregte die Ausstellung »Neue Sachlichkeit« Aufsehen, der russische Regisseur Sergei Eisenstein brachte seinen »Panzerkreuzer Potemkin« in die Kinos, und Walter Gropius begann, das Dessauer Bauhaus zu planen. Die »Barnack-Kamera«, die 1925 zunächst »Leca« heißen sollte, dann aber als »Leica« (eine Wortneuschöpfung aus Leitz und Camera) verkauft wurde, sollte diese Zeit dokumentieren – und mitprägen.

Denn der Schnappschuss ersetzte fortan die fotografische Inszenierung, die gestellte Fotografie. Wer Bilder aus dem wirklichen Leben wollte, von Straße, Arbeit,

Elend und Sport, der brauche eine »schußbereite Kamera«, so die Zeitschrift »Der Arbeiter-Fotograf« im November 1929. Und zwar eine, die 15 bis 20 Aufnahmen in der Minute schaffe und den Alltag der Menschen unter »fotografisches Maschinengewehrfeuer« nehmen könne. Mit der Leica sei dies möglich, zudem die »Munition billig« sei: Ein Meter Film koste nur 53 bis 75 Pfennig.

Die einzige Schattenseite des »kleinen Wunderinstruments« sei ihr Preis – bei rund 170 Mark Durchschnittseinkommen etwa anderthalb Monatslöhne. Die Anschaffungskosten seien »bitter und dabei noch nicht alles«, so die Arbeiterzeitschrift, denn anders als bei den Platten müsse das kleine Filmformat von 24 mal 36 Millimeter für Papierabzüge noch vergrößert werden. Der notwendige Leica-Apparat dafür koste noch mal 140 Mark.

Trotzdem hatte die Leica anfangs vor allem Erfolge bei Amateurfotografen. Die Resonanz auf die Kamera war enorm: Bis Ende 1931 verkauften die Leitz-Werke 70 000 Stück. Bereits 1933 machte der Wetzlarer Optikspezialist rund 70 Prozent seines Umsatzes mit der Kleinbildkamera.

Anfänger erfuhren in Ratgeberbüchern, wie sie das neue Instrument am wirkungsvollsten einsetzten. Zum Standardwerk wurde das Buch »Meine Erfahrungen mit der Leica«, das der Arzt Paul Wolff verfasst hatte. Wie viele Leica-Anhänger war Wolff ein Quereinsteiger, der auch wegen des Mangels an Arbeitsplätzen zum Fotografen wurde. 1926 gewann er auf einer Fotoausstellung seine erste Leica. Seine Bilder, die er wie nebenbei auf Märkten oder in Straßen aufnahm, verkaufte er bald an Illustrierte. Mit seiner Firma Dr. Paul Wolff & Tritschler wurde er später zu einem wichtigen Bildlieferanten der nationalsozialistischen Propaganda.

Dank der handlichen, vergleichsweise günstigen Kamera entstand der neue Berufszweig des Fotoreporters. »Journalisten oder Schriftsteller, die sich für journalistisch begabt hielten, verkrachte Geschäftsleute ohne Kapital, großspurige und kleinkarierte Abenteurer, sie alle gründeten Fotoagenturen«, beschrieb der ungarische Fotograf János Reismann, der 1927 nach Berlin kam, den Boom der Pressefotografen.

Der enorme Bedarf an Bildern seitens der Zeitungen und Zeitschriften heizte deren Geschäft an. Zwischen 1926/27 und 1930/31 stieg die Auflage der 15 größten Illustrierten von 3,5 auf 5,3 Millionen Exemplare wöchentlich, allein die »Berliner Illustrirte Zeitung« verkaufte 1929 knapp 1,9 Millionen Exemplare pro Woche.

Auch immer mehr Frauen stiegen in die Fotografie ein, etwa Ilse Bing, die bald als »Königin der Leica« galt. Eigentlich hatte die Frankfurterin Architekturgeschichte studiert, 1930 allerdings zog es sie mit ihrer Leica im Gepäck nach Paris. Wie etwas später der rus-

sische Journalist und Schriftsteller Ilja Ehrenburg, der
dem Klischee des eleganten Paris seine Aufnahmen aus
den Armenvierteln entgegensetzte, fotografierte auch
Bing abseits typischer Sehenswürdigkeiten: Ihre Moti-
ve waren Häuserfassaden, Damen beim Schuheprobie-
ren, Clochards oder Straßenmüll. »Ich bin nicht Foto-
grafin geworden, ich war es einfach«, erinnerte sie sich
später.

Die Schnappschüsse aus dem Alltag, die nun entstanden, dokumentierten nicht nur die damalige Gegenwart – sie hatten auch politische Sprengkraft. Warum, fragte Kurt Tucholsky alias Ignaz Wrobel bereits
im April 1925 in der »Weltbühne«, machten sich die
Kommunisten nicht daran, im Bunde mit der Fotografie zu kämpfen? »Sie ist gar nicht zu schlagen«, so Tucholsky, die Fotografie sei unwiderlegbar, »Dynamit
im Kampf der Seelen«.

Das Auto eines Bankiers, die Wohnung seines Portiers, verhaftete Arbeiter, Parlamentarier in unbewach-
ten Augenblicken – die vielfältige Darstellung der Le-
benswirklichkeit der Menschen faszinierte die Leser
und riss die Fassade der lange vorherrschenden eintö-
nigen Bildinszenierungen ein.

Einer der Ersten, der die politische Dimension der
omnipräsenten Kleinkamera erkannte, war der Grafiker Hans Windisch. Der Fabrikantensohn hatte sich
nach dem Ersten Weltkrieg der Arbeiterbewegung zu-
gewandt. Als Autor des Blattes »Der Arbeiter-Foto-

graf« vertrat Windisch die Idee einer kämpfenden Kamera im Sinne Tucholskys. Die Zeitschrift war das Organ einer Bewegung, die die kommunistische »Arbeiter-Illustrierte-Zeitung« im März 1926 durch einen Fotowettbewerb ausgelöst hatte.

Der »Arbeiter-Fotograf« sagte dem »bürgerlichen Portraitkitsch« den Kampf an. Klassengenossen sollten so zu sehen sein, wie sie die »gegenwärtige Gesellschaftsordnung platziert hat«: als ausgebeutete Lohnarbeiter oder hungernde Erwerbslose. Auch als »Beweismittel« gegen Übergriffe der Polizei sollten die kleinen Bildapparate genutzt werden, »Gummiknüppel contra Kamera«, betitelte Windisch einen seiner Artikel. Die Idee überzeugte: Bis 1933 waren etwa 3000 Arbeiterfotografen in Ortsgruppen organisiert.

Doch auch die Rechte nutzte das neue Propagandainstrument, etwa bei Kundgebungen und Parteiaufmärschen. Die bildlichen Angriffe auf die Republik schraubten die Auflage der vom Hitler-Fotografen Heinrich Hoffmann gegründeten NS-Postille »Illustrierter Beobachter« bereits 1932 auf 200 000 Exemplare pro Ausgabe. 1937 verpflichtete Propagandaminister Joseph Goebbels alle Bildberichterstatter, nur noch Kleinbildkameras zu verwenden, »zur Erreichung lebendigerer Bilder«.

Er sei einmal gefragt worden, was er über die Leica denke, sagte der berühmte Leica-Fotograf Henri

Cartier-Bresson. Sie könne »ein leidenschaftlicher Kuss sein«, habe er geantwortet, aber auch »ein Schuss aus einem Revolver«.

SCHNELLES WISSEN

WARUM WURDE DIE ZEITSCHRIFT »DIE WELTBÜHNE« SO BERÜHMT?

1905 ursprünglich als Theaterzeitschrift gegründet, entwickelte sich »Die Weltbühne« zur führenden Wochenzeitschrift der Intellektuellen in Deutschland. Ein Themenspektrum von Politik über Kultur bis Wirtschaft abdeckend, schrieben dort die führenden liberalen Schriftsteller und Journalisten der Zeit, unter anderem Kurt Tucholsky. Oft überschätzt wird heute allerdings ihre Auflage – mehr als 15 000 Exemplare pro Woche wurden nie gedruckt. Der NSDAP war sie trotzdem ein Dorn im Auge: Im März 1933 wurde sie eingestellt.

WELCHE WAR DIE WICHTIGSTE SOZIALISTISCHE ILLUSTRIERTE DER ZWANZIGER?

Die »Arbeiter-Illustrierte-Zeitung« (»A-I-Z«) ging 1924 aus Publikationen hervor, die ab 1921 KPD-nah gegründet worden waren. Als »A-I-Z« weitete die Wochenzeitschrift ihr Themenspektrum aus – und steigerte ihre Auflage von 10 000 auf bis zu 500 000 Exemplare (1932). Erich Kästner, Kurt Tucholsky und Maxim Gorki schrieben für das Blatt. Berühmt wurden die Fotomontagen von John Heartfield, der künstlerisch gegen die aufstrebende NS-Bewegung kämpfte. 1933 wurde die Zeitung in Deutschland verboten.

NICHTS GEWUSST?

An der Feldherrnhalle in München endete 1923
der Putschversuch Adolf Hitlers. Der Ort ist ein
Symbol, auch wenn man ihm das nicht sofort
ansieht.

Von Jan Friedmann

Der Bau mit den drei Rundbögen am südlichen Ende
des Odeonsplatzes in München wirkt offen und einla-
dend, eher nicht militärisch und keinesfalls wie ein
Symbol für die Zerbrechlichkeit der demokratischen
Ordnung. Und doch ist dieser Ort Schauplatz eines politischen Kernereignisses der Zwanzigerjahre. In Hitlers Putschversuch gegen die Regierung Bayerns scheint
das Grundproblem der Weimarer Republik bereits
mahnend auf, zumindest in der Rückschau.

Hitlers erstes Attentat auf die Demokratie, bekannt
als »Marsch auf die Feldherrnhalle«, müsste eigentlich
»Marsch bis zur Feldherrnhalle« heißen. Denn Ziel
und Sinn verlieh die nationalsozialistische Propaganda
dem konfusen Manöver vom 9. November 1923 erst
im Nachhinein.

An diesem Tag war der Putsch eigentlich schon gescheitert, den der NSDAP-Führer Adolf Hitler und seine Gefolgsleute angezettelt hatten. Die Nationalsozialisten, damals noch eine völkische Splittergruppe, träumten von der Machtübernahme in Berlin nach dem Vorbild von Mussolinis Marsch auf Rom – doch sie kamen nur bis zum Odeonsplatz.

Am Vorabend war Hitler mit einer Horde bewaffneter SA-Leute in den Bürgerbräukeller eingedrungen, ein Versammlungslokal im Stadtteil Haidhausen. Dort hielt der bayerische Staatskommissar Gustav von Kahr gerade eine Rede, viele Militärs und Honoratioren waren anwesend. Hitler unterbrach Kahr, indem er auf einen Stuhl stieg und mit seinem Revolver einen Schuss in die Decke abgab. Er rief: »Die nationale Revolution ist ausgebrochen. Die bayerische Regierung ist abgesetzt.« Nach der Zusage, diesen Umstand anzuerkennen und zu kooperieren, durften Kahr und die übrigen Spitzen von Staat und Militär die Gaststätte verlassen.

Hitlers Getöne war indes eher Wunsch als Ausdruck der realen Kraftverhältnisse. Zwar hatte sein Kompagnon Ernst Röhm gleichzeitig das Wehrkreiskommando in der Schönfeldstraße besetzt, doch über die Kasernen und wichtigen Schaltstellen geboten die Putschisten nicht. Kaum aus dem Keller entkommen, widerrief die bayerische Staatsregierung die abgepresste Zusage. Hans Seißer, der Chef der bayerischen Landespolizei, befahl, gegen die Aufständischen vorzugehen.

Zudem rückten Verbände der Reichswehr gegen das besetzte Wehrkreiskommando vor.

Die Putschisten im Bürgerbräukeller, die dort eine relativ ereignisfreie Nacht verbracht hatten, setzten sich nun ihrerseits in Richtung Wehrkreiskommando in Gang, in Zwölferreihen, angeführt vom ehemaligen Weltkriegsgeneral Erich Ludendorff. Es sollen ungefähr 2000 Männer gewesen sein, darunter auch Reiter und Fahnenträger. Der Zug überquerte die Isar und durchmaß die halbe Innenstadt, bevor er am Odeonsplatz auf starke Polizeiverbände stieß.

Gegen 12.45 Uhr schoss ein Putschist auf einen Unterwachtmeister und tötete diesen, die Polizisten erwiderten das Feuer. In dem nur wenige Sekunden dauernden Gefecht starben insgesamt 4 Polizisten und 14 Anhänger Hitlers, darunter Hitlers Nebenmann in der Marschformation. Der Parteivorsitzende selbst kugelte sich den Arm aus, als er zu Boden gerissen wurde. Während Ludendorff festgenommen wurde, flüchtete sich Hitler aus der Stadt in das Haus eines reichen Gönners am Staffelsee. Dort verhaftete ihn die Polizei am 11. November, er wollte sich wohl nach Österreich absetzen.

Das Feuergefecht am Odeonsplatz war zunächst nur eines von vielen blutigen Straßenscharmützeln der Zwanzigerjahre. Zum bedeutsamen Ereignis wurde es erst durch die folgenden Versäumnisse der bayerischen Justiz. Deshalb steht die Feldherrnhalle heute als Erinnerungsort für die mangelnde Wehrhaftigkeit der jungen Demokratie.

»Die Republik von Weimar praktizierte den Republikschutz gegen Links- und Rechtsextremismus nicht in analoger Weise, sondern erwies sich von Beginn an gegenüber rechtsextremistischen Straftaten und Morden als äußerst nachsichtig«, urteilt der Zeithistoriker Horst Möller über den Hitlerputsch. Besonders in Bayern, so Möller, bildete sich ein »Nährboden für rechtsextremistische Gruppen«. Teilweise habe sogar die Landesregierung mit solchen radikalen Kräften zusammengearbeitet.

Ludendorff kam vor Gericht zu einem Freispruch mit der fragwürdigen Begründung, er habe von den wahren Plänen Hitlers nichts gewusst. Hitler wiederum nutzte den Prozess vor dem Bayerischen Volksgericht, um ausgiebig zu agitieren. Im Urteil wurden die toten Polizisten von der Feldherrnhalle noch nicht einmal erwähnt, der Richter verwies stattdessen auf den »vaterländischen Geist und edelsten Willen« der Angeklagten. Das Strafmaß fiel äußerst milde aus: fünf Jahre Festungshaft, von denen Hitler nur ein halbes Jahr absitzen musste. In dieser Zeit konnte er im Landsberger Gefängnis Mitstreiter empfangen und sein Traktat »Mein Kampf« niederschreiben.

Den ersten Teil des Werkes (»Eine Abrechnung«) versah Hitler mit einem Gedenkgruß an die auf dem Odeonsplatz gestorbenen Gefolgsleute: »Sogenannte nationale Behörden verweigerten den toten Helden ein gemeinsames Grab.« Diesen widme er sein Werk, »als dessen Blutzeugen sie den Anhängern unserer Bewegung dauernd voranleuchten mögen«.

Mit dem Aufstieg der NSDAP Ende der Zwanzigerjahre wurde die Feldherrnhalle zu einem Kultort der völkischen Bewegung. Dort sei, so hieß es etwa in einem NSDAP-Flugblatt, die »deutsche Reichswehr im jüdischen Sold« auf den »völkischen Befreier Hitler« getroffen. 1933 bekamen die Teilnehmer des Marsches einen Blutorden gestiftet, im selben Jahr wehte auch erstmals die Hakenkreuzfahne von der Halle.

Bis heute wird häufig vergessen, dass es sich bei der Halle auf dem Odeonsplatz eigentlich um ein Denkmal der bayerischen Monarchie handelt. Der dreiseitig offene Portikus mit Rundbögen nach dem Vorbild der Loggia dei Lanzi in Florenz sollte bayerische Feldherren würdigen. Zwischen 1841 und 1843 erbaut, beherbergte er die Statuen des Grafen von Tilly, Heerführer der Katholischen Liga im Dreißigjährigen Krieg, und Karl Fürst von Wredes, der Bayern in die Allianz gegen Napoleon gebracht hatte. Seit 1905 flankieren zusätzlich zwei Löwen die mächtige Monumentaltreppe.

Die Feldherrnhalle ist heute ein beliebter Platz für Gruppenfotos. Reiseleiter führen die Touristen dann häufig auch zur Rückseite der Halle. Dort verläuft die Viscardigasse, in der NS-Zeit im Volksmund »Drückebergergasse« genannt. Wer damals den obligatorischen Hitlergruß zu Ehren der Toten von 1923 vermeiden wollte, musste diesen Umweg nehmen.

ELEKTROMANIE

Elektrische Lichter und Reklamen ließen die Städte glitzern und leuchten. Das vielleicht größte Versprechen machte der Strom jedoch den geplagten Hausfrauen.

Von Frank Patalong

Einer der größten technologischen Umbrüche der Geschichte fand Anfang der Zwanzigerjahre an einem vermeintlich profanen Ort statt: im privaten Haushalt. Den muss man sich zu dieser Zeit noch als Arena zeitverschlingender Muskelarbeit vorstellen. Wäsche musste gewalkt und gewrungen, Böden geschrubbt, Teig per Hand gerührt werden – und all das war Aufgabe der Frauen. Falls es hilfreiche Maschinen gab, so wurden auch diese letztlich durch Muskelkraft angetrieben.

Eine Befreiung von der Schufterei versprach die Elektrizität. 1878 erstrahlte die Weltausstellung in Paris im elektrischen Lichterglanz, schon 1883 hatte Emil Rathenau in Berlin die Gesellschaft für angewandte Elektrizität gegründet. Zuerst hatten die neuartige Straßenbeleuchtung und strombetriebene Straßenbahnen den öffentlichen Raum bereichert. Nun, Anfang der Zwanziger, hielt die neue Technologie nach und nach auch Einzug ins Private. Als die ersten elektrischen Helferlein für den Haushalt angeboten wurden, erkannten Frauen sofort, was das für sie bedeuten würde: weniger Kraft und Aufwand, mehr Zeit!

»Betrachten wir das einfache Bügeleisen«, hieß es beispielsweise unter der Rubrik »Gaben der Technik für den Weihnachtstisch« am 9. Dezember 1925 in der »Karlsruher Zeitung«. Der Artikel verglich die Vorzüge der neuen, elektrischen Apparate mit herkömmlichen Methoden: Versuche hätten den Nachweis erbracht, dass die Energieersparnis des elektrischen Plätteisens so groß sei, dass sich die Anschaffung schon nach einem Jahr amortisiere – offensichtlich ein Argument, das auch die Männer überzeugen sollte.

Vor allem aber profitiere die Hausfrau: »Wie störend ist bei den auf dem Feuer oder Gas erwärmten Eisen die hohe Anfangstemperatur, das schnelle Abkühlen und das stete Weglaufen zum Gasherd zwecks Auswechselns der Eisen.« Komme beim Bügeln etwas dazwischen, gehe die Wärme verloren und die Arbeit gehe mit Ofen-An- und Eisen-Aufheizen wieder von vorn los. »Wie viel einfacher und bequemer, sauberer und wirtschaftlicher ist das elektrische Bügeleisen.«

Leichtere Arbeit, schneller erledigt, das war das große Versprechen der Elektrifizierung für die Hausfrauen.

Die sahen sich zu dieser Zeit nicht selten aufgerieben zwischen dem Image der »Neuen Frau« – emanzipierte und selbstbewusste Gestalterin ihres eigenen Lebens – und den Bergen schmutziger Wäsche und den sonstigen Aufgaben, angesichts derer ihnen vor allem eines fehlte: Freizeit und damit die Möglichkeit, das Leben einer neuen Frau tatsächlich zu leben.

Erst die technische Revolution im Haushalt machte das in den Medien propagierte Ideal der sich in ihrer Freizeit auslebenden neuen Frau überhaupt denkbar. Und sie erhob elektrischen Strom zu einem Motor der Emanzipation, wie die amerikanische Sachbuchautorin Christine Frederick in einer Rede auf der Münchner Messe »Heim und Technik« im Herbst 1928 klarstellte: »Die Hausfrau soll der Herrscher und nicht der Sklave ihrer Arbeit sein!« Die Effizienzsteigerung bei alltäglichen Verrichtungen war Fredericks Lebensthema: In ihren Büchern entwarf sie zum Beispiel Modellküchen, in denen durch geschicktes Design Arbeitswege entfielen. Für sie war das ein Weg, Frauen Freiheit zu verschaffen – auch wenn sie dabei aus heutiger Sicht einem sehr traditionellen Rollenbild verhaftet blieb.

Ihr Ansatz traf sich aber durchaus mit dem Zeitgeist und der Idee der Münchner »Heim und Technik«-Messe. Die war mehr Architektur- und Innenraumdesign- als Novitätenschau: Denn wirklich effizient war die neue Technik im Wohnraum ja erst, wenn der den

... *und inzwiſchen*
wäſcht der PROTOS

Die Freiheit ruft: Waschautomat an, die neue Frau geht aus. Nie, versprach die Siemens-Werbung 1928, war Arbeit leichter.

Einsatz überhaupt erlaubte. Das hatten auch die Architekten und Designer des Bauhaus erkannt: der technologische Fortschritt ging Hand in Hand mit einer Veränderung von Wohnwelt und Lebensweisen.

So kamen Teppichböden in Europas Wohnungen erst auf, als elektrische Staubsauger ihre Reinigung möglich machten. Bis dahin waren allenfalls kleinere Teppiche und transportable »Läufer« üblich gewesen, die man zum Ausklopfen ins Freie tragen konnte. So wurde die neue Technik zur Voraussetzung für eine neue Wohnmode, die sich in kühleren Gegenden rasch verbreitete.

Die Revolution in den eigenen vier Wänden hatte

sich mit einigem Vorlauf angekündigt. Elektrizität – sauber, billig zu produzieren und leicht zu transportieren – galt als Energie der Zukunft. Zudem war sie sicherer als Petroleum oder Gas. Spektakuläre Unglücke wie der Brand des Ringtheaters in Wien 1881, als wegen einer Fehlfunktion der Gasbeleuchtung mindestens 384 Menschen im Inferno eines Gasfeuers verbrannten, brauchte man mit Glühbirnen nicht zu befürchten.

Das gleiche Argument überzeugte natürlich auch für private Häuser, und so war es zuerst die elektrische Beleuchtung, die in den Metropolen den Weg von der Straße ins Haus fand – zunächst allerdings nur in wirklich reichen Vierteln. Noch 1914, als in Deutschland bereits rund 1600 zunehmend vernetzte Kraftwerke Bahn, Stadtbeleuchtung und Industrie mit Strom versorgten, verfügten selbst in Berlin gerade einmal fünf Prozent der Privathäuser über einen Stromanschluss.

Doch die Nachfrage nach dieser Novität war vorhanden: Elektrische Apparate, im Vergleich zu den alten mechanischen Geräten klein, leicht und einfach zu bedienen, waren zu Beginn der Zwanziger längst Objekte der Begierde. Teils Jahrzehnte, bevor die Verkabelung privater Haushalte auch nur begann, waren bereits unzählige elektrische Maschinen erfunden worden: Der Elektroherd (patentiert 1859) und das elektrische Bügeleisen (1882), der Tisch- und Deckenven-

Ilona Karolewna am [AEG] Kühlschrank

Bequem und praktisch: AEG setzte auf Werbung mit Filmsternchen: Hier führt Ilona Karolewna die Vorzüge des Kühlschranks vor (1929).

tilator (1882 und 1887) und der elektrische Vibrator (1878). Handstaubsauger und Waschmaschine folgten 1907, der elektrische Kühlschrank 1913.

Als die Konsumgütermesse in Frankfurt am Main im Herbst 1921 ihre Tore öffnete, begeisterten sich die Besucher dort zudem an Haartrocken- und Ondulierapparaten, Buttermaschinen, Heiz- und Kochapparaten und Beleuchtungskörpern, deren Vorteil laut Werbung vor allem darin bestand, dass sie ihr Licht nach unten warfen – im Gegensatz zu den herkömmlichen Petroleumlampen. Dazu kamen für den heimwerkenden Herrn Bohrmaschinen, Lötkolben und allerlei andere Werk- und Spielzeuge.

Der Gerätepark wuchs unaufhörlich. Bis 1925 war vom Herd bis zum Föhn, vom Küchenmixer bis zur Trockenhaube, von der Spülmaschine bis zum Radio fast alles zu haben, was sich noch heute in den meisten Haushalten findet. Und auch die Zahl elektrifizierter Haushalte stieg rapide an: In Berlin waren 1925 schon ein Viertel aller Häuser verkabelt, und in den folgenden fünf Jahren verdoppelte sich diese Quote. Damit stiegen auch die Verkaufszahlen der Geräte, was neue Anbieter auf den Plan rief und die Preise sinken ließ. So war beispielsweise der Rheinelektra-Staubsauger im Frühjahr 1925 »für die moderne Wohnung unentbehrlich«, wie es in einer zeitgenössischen Zeitungsanzeige hieß: »Wir möchten auch den Frauen, die sich diese Erleichterung noch nicht verschafft haben, ihre Entschließung erleichtern, indem wir den Preis bis auf Weiteres auf 140 Mark ermäßigen.«

140 Mark allerdings waren immer noch mehr, als viele Arbeiter im Monat verdienten. Elektroapparate waren damit zwar immer noch sehr, sehr teuer, aber letztlich erschwinglich, wenn man bereit war, mehrere Monate lang darauf zu sparen. Und es wurde immer besser: Schon 1929 war der Preis für einen Staubsauger auf circa 65 Prozent eines Arbeitermonatslohns gefallen. Innerhalb eines Jahrzehnts war so aus den elektrischen Geräten ein ganz normaler Bestandteil des Alltags geworden. Und das bis in die Kleinstadt hinein. »Zu meiner Zeit«, heißt es in einer Leserzuschrift

im badischen »Durlacher Tageblatt« vom 14. Januar 1929, gab es »keine Flugmaschinen, keine Autos, nicht einmal Straßenbahnen ... Man hatte keine Heizungsanlagen und kein elektrisches Bügeleisen, keinen Staubsauger und ... tausend andere Dinge, die uns heute beinahe unentbehrlich scheinen«.

Der Schreiber verharrte keineswegs in einer »früher war alles besser«-Perspektive: »Glücklicher waren die Menschen wohl kaum«, schloss er. Hier schrieb kein euphorischer Großstädter über die Technisierung der Metropolen, sondern ein Kleinstädter über gute neue, elektrische Zeiten. Durlach ist heute ein Stadtteil von Karlsruhe. 1929 hatte es weniger als 16 000 Einwohner.

So erfolgreich waren die neuen Maschinen bald, dass bereits im Juni 1925 erste Rufe nach einer gesetzlichen Regulierung der Nutzungszeiten für Staubsauger laut wurden. So etwas gebe es schließlich auch für das Klopfen von Teppichen oder für Hausmusik. Ausgeschlossen müsse auf jeden Fall sein, so ein Leserbriefschreiber in einer zeitgenössischen Tageszeitung, dass das Geräusch »zu beliebiger Tageszeit ertönen könne, da daraus mit Sicherheit Unzuträglichkeiten entstehen könnten«.

Die Voraussetzung für den Siegeszug hatten massive Investitionen in die Infrastruktur geschaffen, auch in ländlichen Gebieten wurde das Stromnetz schnell ausgebaut. Die Politik hatte die Elektrizitätsproduzenten gedrängt, ihre Kapazitäten rasch zu erhöhen. Bereits Ende der Zwanziger begannen die Stromerzeuger, sich auch international zu vernetzen – ein zunehmend stabiles europäisches Stromnetz entstand noch vor dem Massenmarkt, der es einmal nutzen sollte.

Nun war Elektrizität keine Mangelware mehr, sondern ein Dienstleistungsangebot, das nach Kunden suchte. Wie das aussehen konnte, beschrieb die Zeitung »Der Volksfreund« aus Karlsruhe am 1. Mai 1927: Für den 3. Mai kündigte darin das Gas-, Wasser- und Elektrizitätsamt lehrreiche Vorträge zu »Elektrizität im Haushalt« an. Eine hohe Nachfrage erwartend, plante man, die städtische Ausstellungshalle sowohl nachmittags ab 16 Uhr als auch abends ab 20 Uhr zu füllen.

Live vorgeführt wurden neben den bekannten Standardgeräten auch Novitäten wie »Heiß- und Kaltluftduschen, der elektrische Brennscherenwärmer, die elektrischen Tauchsieder, das elektrische Heizkissen, der Schnellkocher, die Kaffeemaschine«. Von den Erzeugnissen Letzterer, versprach die Ankündigung, würden natürlich »Kostproben gereicht«. Der Eintritt war frei.

Das Versprechen von Effizienz, Bequemlichkeit und Freiheit, das mit der Elektrizität ins Leben der Menschen kam, setzte Fantasien frei. In den Zeitungen häuften sich nun Artikel über mögliche künftige Anwendungsmöglichkeiten. Schulhäuser, schlug ein Autor vor, könnte man ja auch einmal vom Staub befreien – darauf war offenbar noch keiner gekommen. Pferde ebenfalls, schlug ein anderer vor. Diese Idee setzte sich allerdings nicht durch. Wahrscheinlich waren Staubsauger und Pferd nicht wirklich kompatibel.

ABSEITSFALLE

In der Provinz war die Realität alles andere als glamourös. Das machte viele Bauern empfänglich für extreme Botschaften.

Von Hauke Friederichs

Drei Ackergäule ziehen die Mähmaschine über das Feld. Auf dem Sitz thront Johann Thomsen. Er lenkt den »Selbstbinder«, einen Apparat, der Getreide in einer Schnittbreite von fünf Fuß mäht und es dann in Garben zusammenbindet. Gut drei Stunden hält ein Gespann durch, dann muss es ausgetauscht werden.

Auf dem Hof von Johann Thomsen in Wennemannswisch im Umland von Heide ist im August 1922 viel zu tun. Zwischen Nord- und Ostsee, in Dithmarschen, baut der Bauer verschiedene Getreidesorten an, darunter Roggen. Nun beginnt die Ernte, und das bedeutet wochenlange Schwerstarbeit für Knechte, Tagelöhner und den Landwirt selbst. Mit dem Selbstbinder schafft Thomsen gut drei Hektar am Tag. Aber nicht alle Bauern vertrauen solchen Maschinen. Noch 1925 wird fast ein Drittel der Getreidefläche in Deutschland mit der Sense gemäht – wie im Mittelalter. In den Vereinigten Staaten setzen die Farmer längst motorisierte Mähdrescher ein.

Thomsen verwendet den Selbstbinder nicht, weil er fortschrittlich ist, sondern weil er muss. Als Soldat im Ersten Weltkrieg hat er einen Treffer in die linke Schulter abbekommen. Er kann seinen Arm schlecht bewegen und braucht beim Schnüren seiner Stiefel Hilfe. Dennoch packt er mit an, selbst bei der anstrengenden Ernte. Thomsen schont sich nicht, pachtet einen weiteren Hof dazu, auf dem ein Angestellter lebt und arbeitet.

Sein Sohn Johann Wilhelm Thomsen hat später aufgeschrieben, was die Familie und die anderen Bauern in Dithmarschen zwischen den Weltkriegen erlebten. Der heute 88-Jährige wohnt noch immer auf dem Hof des Vaters, wie dieser war er Landwirt. SPIEGEL GESCHICHTE hat er von den harten Jahren erzählt, die die Thomsens nach der Republikgründung durchmachten.

Die Thomsens sind eine Bauernfamilie mit Tradition: Der erste aktenkundige Landwirt mit diesem Namen wurde um 1580 in Dithmarschen geboren. In Wennemannswisch beackert die Sippe seit dem 18. Jahrhundert den Boden. In den Zwanzigerjahren gab es dort sieben größere Höfe, eine Mühle, eine Schmiede, einige Katen und kleinere Häuser. Fast alle Bewohner bauten Gemüse an und hielten Tiere. In Dithmarschen wurden die Höfe nach dem Tod des Altbauern nicht geteilt, der erstgeborene Sohn erbte den Betrieb und das Land. So war es Brauch.

Die Thomsens leben seit Generationen auf und von dem Land. Familien wie sie mit eigener Scholle und eigenem Hof standen in Dithmarschen an der Spitze der Gesellschaft. Auf den großen Höfen mit vielen Angestellten speisten die »Herrschaften« nicht mit dem Gesinde zusammen. Sie blieben unter sich, Knechte und Mägde aßen in der Küche. Beim einfachen Landvolk kamen oft schlichte Speisen wie Brei, Grütze, Bratkartoffeln oder Graupen auf den Tisch. Fleisch konnten sich Tagelöhner so gut wie nie leisten. Neidisch nannten sie die wohlhabenden Bauern »Bratenfreter« (Bratenfresser), weil dort mindestens einmal in der Woche ein Braten auf dem Speiseplan stand. Bei den wohlhabenden Familien hießen die ärmeren Nachbarn abfällig »Knochenpuler«.

Die reetgedeckten Bauernhäuser, die oft auf einer Warft standen und wie Burgen über der Marsch und Geest thronten, boten ihren Bewohnern viel Platz. Tagelöhner hingegen lebten meist in einfachen Katen, die oft nur zwei Räume hatten. Erdrückende Enge herrschte darin, weil die Familien der Landarbeiter und Aushilfskräfte häufig viele Kinder hatten. Wie in den dicht bevölkerten Arbeiterquartieren der Städte teilten sich auch auf dem Land manchmal mehrere Generationen ein Bett.

Soziale Unterschiede wurden auch beim Kirchgang

sichtbar: Die Bauernfamilie fuhr in der Kutsche zum Gottesdienst, ihre Sonntagstracht blieb sauber. Das einfache Volk ging zu Fuß über die im Sommer staubigen und von Herbst bis Frühling oft schlammigen Wege. Strikt verteidigten die alten Bauerngeschlechter ihren Rang: Sie verheirateten ihre Kinder untereinander und stellten oft die Bürgermeister und andere Honoratioren. Die Landbesitzer bestimmten auch nach dem Zusammenbruch des Kaiserreichs das Geschehen in Dithmarschen.

Johann Thomsen, der zu den Bauern gehörte, hatte zwei Männer und eine Frau fest angestellt. Seine Frau arbeitete ebenfalls auf dem Hof mit, später auch die Tochter und der Sohn. In der Erntezeit beschäftigte er zudem Tagelöhner und einige »Monarchen«, Landstreicher, die von Betrieb zu Betrieb zogen und ihre Hilfe auf dem Feld für Kost, Logis und einen niedrigen Lohn anboten. Obwohl ihnen ihr Land gehörte, obwohl es ihnen vergleichsweise gut ging, bestimmten harte Arbeit und Sorgen um die Zukunft den Alltag der Landwirte.

Immerhin kannten die Bauernfamilien und ihr Gesinde keinen Hunger, denn Felder und Gärten lieferten stets genug zu essen für den Eigenbedarf. Frei entscheiden konnten die Landwirte über ihre Produktion allerdings bis Mitte der Zwanzigerjahre nicht. Schon im Weltkrieg hatten die Behörden stark in Lebensmittelproduktion und -handel eingegriffen. Noch 1923 mussten die Bauern »Verbraucher-Saatkarten« und »Mahl-karten« ausfüllen. Darauf wurde genau vermerkt, was die Höfe anbauten und wie viel Mehl sie herstellen ließen, auch wie viele Tiere auf jedem Hof lebten. Wie viel die Bauern von ihrer Ernte und vom geschlachteten Vieh abgeben mussten, war vorgeschrieben, um der Lebensmittelknappheit in den Städten zu begegnen. Beamte kamen immer wieder auf die Höfe und beschlagnahmten Kühe und Schweine.

In Dithmarschen machten Bauern während der Hyperinflation bis Ende 1923 oft Verluste. Johann Thomsen schickte in dieser Zeit zwei Ochsen nach Hamburg zum Viehmarkt. Ein Kommissär versteigerte die Tiere und schickte die Einnahmen per Post nach Wennemannswisch. Als der Geldbrief einige Tage später eintraf, waren die Scheine in dem Umschlag kaum noch etwas wert. Thomsen konnte sich davon nur noch zwei Kälberstricke kaufen. »Hätte ich die Ochsen mal in die Eider geworfen«, rief der Landwirt der Erinnerung seines Sohnes zufolge aus, »dann hätte ich es wenigstens noch plumpsen hören können.«

Thomsen und die anderen Bauern misstrauten der Reichsmark und setzten auf Tauschgeschäfte: Getreide für Dünger, Mehl für Saatgut. Mancher Bauer verlor in der Inflation große Summen, auch Johann Wilhelm Paulsen, der Schwiegervater von Johann Thomsen. Er hatte vor dem Krieg seinen Hof veräußert und das eingenommene Geld an elf Schuldner verliehen, die ihn nun mit fast wertlosem Geld auszahlten. Thomsen musste nach der Inflationszeit seine Schwiegereltern unterstützen.

Thomsen empfand diese Jahre als existenzbedrohend, aber er brachte seinen Hof durch: Selbst als er einmal fast seine gesamte Ernte an einen Großhändler geliefert hatte, der dann pleiteging und nicht bezahlen konnte, kam Thomsen mit seinen Rücklagen und dem Verkauf von Schlachtvieh irgendwie über die Runden. Es war aber nicht nur die Inflation, die den Bauern Probleme bereitete. Deutschlandweit kam es zu einer Agrarkrise, die Dithmarschen hart traf. Die Konkurrenz aus Polen, Dänemark und den Niederlanden machte den Landwirten zu schaffen, die Preise schwankten stark. Hinzu kamen steigende Löhne für die Landarbeiter, höhere Frachtkosten und immer neue Abgaben an den Staat.

So traf einiges zusammen: Die konservativen Bauern fremdelten mit der Republik von Weimar, sie misstrauten den Politikern in Berlin, sie verachteten die Liberalität in der Stadt, fürchteten den schlechten Einfluss der Freigeister und fühlten sich ausgenutzt. Sie sahen sich als die Erben der »Dithmarscher Bauernrepublik«, sie waren stolz auf den Triumph ihrer Vorfahren in der »Schlacht bei Hemmingstedt«. Damals, im Jahr 1500, hatten die Dithmarscher ein Heer von auswärtigen Rittern vernichtet und damit die eigene Unabhängigkeit gesichert.

Viele Bauern wirtschafteten am Rande des Ruins: Frau mit »Milch-
joch« zum Transport von Milchkannen.

»Das demokratische Fundament der Weimarer Republik erwies sich in Dithmarschen als nicht sehr soli-
de und fing bereits früher als in anderen Regionen zu
bröckeln an«, schreibt der Historiker Ulrich Pfeil, der
zu Dithmarschen in der Weimarer Republik geforscht
hat. Viele Bauern schlossen sich der Schleswig-Holstei-
nischen Landespartei an, die antisemitisch auftrat und
die regionale Selbstverwaltung forderte, oder wählten
die rechtskonservative Deutschnationale Volkspartei (DNVP). Mit der Reichstagswahl im Februar 1921
übernahm die DNVP in Schleswig-Holstein die Mei-
nungsführerschaft auf den Dörfern. Bei den Bauern

141

punkteten die Deutschnationalen mit Parolen gegen Juden, gegen die Republik und der Forderung nach Schutzzöllen für die Landwirtschaft.

Die Region, in der Thomsen lebte, wirkte oft, als sei sie noch im vorindustriellen Zeitalter stecken geblieben: Auch in den Zwanzigerjahren zogen dort vielerorts noch Pferde die Landmaschinen. Schlepper mit Verbrennungsmotor verbreiteten sich nur langsam. Zum Dreschen kamen »Lokomobile« auf die Höfe, sie waren Ende des 19. Jahrhunderts in Gebrauch gekommen und wurden wie Eisenbahnen mit Dampf angetrieben. 25 Arbeiter waren nötig, um diese monströsen »Döschdampfer« zu bedienen. Die Mannschaft musste vom Bauern verköstigt werden: Sie brauchte vier nahrhafte Mahlzeiten am Tag und alle zwei Stunden einen Köm, einen Kümmelschnaps.

Vergebens versuchte die Regierung, die Bauern zur Modernisierung ihrer Höfe zu bewegen. Dem Reichsausschuss für Technik in der Landwirtschaft, der 1920 gegründet wurde, gelang es nicht, für Innovationen im Agrarsektor zu sorgen. Noch 1928 warb die Schleswig-Holsteinische Elektrizitätsversorgungs-GmbH: »Landwirte! Drescht elektrisch!« Die »Döschdampfer« blieben in Dithmarschen aber noch Jahrzehnte im Dienst.

Über einen Stromanschluss verfügten viele abgelegene Höfe ohnehin nicht. Während Hamburg nachts von Glühbirnen erhellt wurde, mussten im nördlich gele-

genen Dithmarschen oft Petroleumlampen das nötige
Licht spenden. Zwar arbeiteten in den Zwanzigerjahren bereits mehrere Elektrizitätswerke zwischen Ost-
und Nordsee, die um 1925 immerhin 13 Städte und
425 Landgemeinden versorgten, aber es dauerte noch
mehr als eine Generation, bis Schleswig-Holstein flä-
chendeckend am Energienetz hing. Ungewöhnlich war
das allerdings nicht: Selbst in der Stadt Braunschweig
erhielten erst im Lauf der Zwanzigerjahre alle Wohnungen Stromanschlüsse.

Einige Landwirte ließen sich Windkraftanlagen auf-
stellen, um Strom zu produzieren. Sie trieben damit
Maschinen an und beleuchteten Ställe und Scheunen.
Bei der Windenergie galt Dithmarschen früh als führend. Neue Errungenschaften aber wie das elektrische
Bügeleisen oder der Waschautomat waren in der Region selten. Die Hausarbeit blieb hart und den Frauen
überlassen, genauso wie die Erziehung der Kinder und
die Pflege der Alten. Während des Krieges hatten die
Frauen für Rüstungsbetriebe gearbeitet und auf vielen
Höfen den Bauern ersetzt. Nach dem Friedensschluss
und der Rückkehr der Männer verteilten sich die Rollen wieder schnell nach den althergebrachten Mustern.
Gleichberechtigung existierte nicht.

Ihre Freizeit verbrachten unverheiratete junge Männer oft in Gaststätten, für junge Frauen schickte sich
das nicht. Die Mägde hatten in Wennemannswisch
und Umgebung am Mittwochabend frei. Sie spazier-

ten dann in Gruppen durch das Dorf und trafen die unverheirateten Landarbeiter zu kleinen Flirts. Volksfeste, etwa das »Kinder-Vogel-Schießen« und große Sportturniere brachten Abwechslung ins Dorf. Verbände wie der Vaterländische Frauenverein oder Organisationen der politischen Parteien boten Ausfahrten und Bälle an, veranstalteten Konzerte und Theateraufführungen. In den Sälen der Gaststätten und Tanzlokale erzeugten einfache Vorführapparate und gespannte Leinwände einen Hauch von Kinoatmosphäre.

Autos waren in Dithmarschen noch eine Seltenheit. Landärzte und ein paar Unternehmer besaßen einen eigenen Wagen, aber kaum ein Bauer. Sie leisteten sich eher ein Motorrad, auch Johann Thomsen kaufte sich ein solches Gefährt. Tagelöhner konnten sich das nicht leisten, sie mussten jahrelang sparen, um ein Fahrrad zu erwerben.

Doch selbst in Dithmarschen zeigten sich erste Anzeichen einer neuen, modernen Zeit. In Heide entstand 1924 eine Autorennbahn mit Tribünen und Restaurant. Auf der kaum gesicherten Bahn, auf der die Fahrzeuge direkt am Publikum vorbeirasten, konnten die Zuschauer auch rasante Motorradrennen sehen. 1928 starteten dort sogar Kunstflieger, die über den Zuschauern ihre Loopings und Rollen zeigten. Ella Trauer, eine Artistin aus Leipzig, sprang mit dem Fallschirm ab und präsentierte in der Luft die Modetänze »Shimmy« und »Boston«. Eine Sensation! Ebenso für

Aufsehen sorgte ein Flugzeug, das ein Rad verlor und sich bei der Landung überschlug.

Doch von ihren Sorgen wurden die Bauern durch so etwas nur kurz abgelenkt. Auch nach der Inflation ging es vielen Höfen in Dithmarschen schlecht – und damit der ganzen Region. Die Maul- und Klauenseuche brach aus und dezimierte den Viehbestand. Dazu fiel die Ernte dramatisch schlecht aus. Dennoch sanken die Preise für Agrarprodukte, denn die Regierung hatte Importe aus dem Ausland erleichtert, die Konkurrenz aus den Niederlanden, Dänemark und Polen nutzte diese Chance. Im »Heider Anzeiger« rechnete ein Schweinemäster 1928 vor, dass er beim Verkauf seiner Tiere auf dem Markt in Berlin pro Sau einen Verlust von 42,55 Reichsmark erzielt habe – der Staat aber dennoch Umsatzsteuer, Bahnfracht und Einfuhrzölle für Futter aus dem Ausland abkassiere.

Frust breitete sich aus in Dithmarschen. Und der Zorn auf die da »oben« wuchs. In Schleswig-Holstein schlossen sich die Enttäuschten zur Landvolkbewegung zusammen, eine Organisation der Bauern, Gewerbetreibenden und Handwerker. Die engagiertesten Unterstützer dieses ländlichen Protestes kamen aus Dithmarschen. Enge Kontakte knüpften führende Vertreter der Landvolkbewegung zur NSDAP. Im Norden der Republik waren die Nationalsozialisten rasch erfolgreich.

Auch Johann Thomsen und manch anderer Bauer

sympathisierte mit der Partei. Thomsen trat in die NSDAP ein. 1928 erzielten die Gefolgsleute Adolf Hitlers bei der Reichstagswahl einen großen Erfolg in Dithmarschen: Die Partei kam in der Region auf gut 18 Prozent der Stimmen, im Reich hingegen erzielten die Nationalsozialisten insgesamt gerade einmal 2,6 Prozent. Die Nationalsozialisten profitierten vom Unmut der Bauern.

Einige von ihnen wollten den Staat nicht mehr nur mit Parolen bekämpfen. Sie stahlen Sprengstoff, bauten Bomben und zündeten sie 1929 vor Finanzbehörden und Landratsämtern. Der Schaden fiel gering aus, dennoch machten die gewaltbereiten Republikgegner deutschlandweit Schlagzeilen. Dithmarschen war bei vielen Städtern nun ein Sinnbild für die tiefste Provinz, der Landstrich wirkte braun – nicht golden wie Berlin. Zum Ende der Zwanzigerjahre berichteten die Zeitungen zunehmend häufig über politische Gewalt in Dithmarschen.

In Wöhrden, wenige Kilometer vom Hof der Familie Thomsen entfernt, kam es am 7. März 1929 zu einer Straßenschlacht zwischen Nationalsozialisten und Kommunisten. Es gab drei Tote und 30 Verletzte. Adolf Hitler reiste nach Dithmarschen, um den zwei Nationalsozialisten unter den Getöteten als »Märtyrer« die letzte Ehre zu erweisen. Der »Führer« der NSDAP versprach den Bauern, sie aus ihrer Verelendung zu reißen.

Die Landvolkbewegung zeigte ihre Ablehnung des »Weimarer Systems« immer deutlicher. Am 1. August 1929 zogen mehrere Tausend ihrer Anhänger durch Neumünster. Der Zug folgte einer schwarzen Fahne mit Senseblatt am Schaft als Symbol der Bauernkriege.

Johann Thomsen marschierte mit, um gegen die Regierung in Berlin zu protestieren. Wie so viele Demonstranten bekam er Hiebe mit dem Gummiknüppel ab, als Polizisten gegen das rebellische Landvolk vorgingen. Mehrere Gegner der Republik standen später wegen Widerstands gegen die Staatsgewalt vor Gericht.

Sie galten in Dithmarschen als Helden.

SCHNELLES WISSEN

WAS WAR DIE »HYPERINFLATION« VON 1923?

Damit Deutschland den Zahlungsverpflichtungen nach dem Ersten Weltkrieg nachkommen konnte, ließ die Regierung immer mehr Geldnoten drucken. So kam es von Frühsommer 1923 an zu einer sogenannten Hyperinflation. Dabei erhöhte sich das Preisniveau um 50 Prozent und mehr pro Monat. Auf ihrem Höhepunkt stieg die Inflation auf mehr als 29 000 Prozent. Am 1. Dezember 1923 kostete der Versand eines 20-Gramm-Briefes 100 Millionen

Mark, für Pakete konnte man auf 20-Milliarden-Mark-Briefmarken zurückgreifen. Währungsreformen beendeten die Inflation bis zum Oktober 1924, doch die Bürger verloren ihr Erspartes.

EINE FRAU FÜR DIE MASSEN

Ihre Romane wurden von Millionen gelesen,
heute ist sie fast vergessen. Wer war Vicki Baum?

Von Eva Thöne

Im September 1929 zeigte die Autorin Vicki Baum
auf ihre Weise Haltung. »Ich mache da nicht mit –
wer noch?« In der »Vossischen Zeitung« sagte sie der
Haute Couture den Kampf an. Baum kritisierte die
neuen Kollektionen als zu überteuert und kompliziert
mit ihren Ösen und Schleifchen. Sie erinnerte daran,
wie praktisch gerade geschnittene Sportkleider waren.
»Die Demokratie der Zeit bedingt eine Demokratie der
Mode«, schrieb Baum. Und fragte: »… man jagt vom
Büro in Vorträge, mal auch ins Theater – wie soll man
das machen mit dem Schlurz untenrum, den die Mode
für den Abend diktiert?«

Es war einer von vielen Texten, die Vicki Baum Ende
der Zwanzigerjahre veröffentlichte. Die Berühmtheit
der damals 41-jährigen Autorin hatte der Ullstein-Verlag mit allen Möglichkeiten der neuen Massenmedi-
en gezielt gefördert: Baums Bücher wurden als Fortset-
zungsromane in Zeitungen vorabgedruckt, sie war zu

Gast im Radio, las in Kaufhäusern, schrieb für Frauenmagazine.

»Die Marke ›Vicki Baum‹ hatte Ende der Zwanzigerjahre den Bekanntheitsgrad von Produkten wie ›Leibnizkekse‹ oder ›Klosterfrau Melissengeist‹ erreicht«, schrieb die Autorin Joe Lederer über ihre Kollegin. Seit dem Erscheinen ihres Debütwerks »Eingang zur Bühne« 1920 entwickelte sich Vicki Baum zur erfolgreichsten Schriftstellerin ihrer Epoche. Sie war die unbestrittene Königin der Unterhaltung. Den Zenit ihres Ruhms erreichte Baum mit dem Großstadtroman »Menschen im Hotel«, der 1929 erschien, als Fortsetzungsroman in der »Berliner Illustrirten Zeitung« millionenfach gelesen und bis 1931 ganze 56 000-mal als Hardcover verkauft wurde – häufiger als Alfred Döblins heute so berühmtes Werk »Berlin Alexanderplatz«.

Baums knappes Modemanifest in der »Vossischen Zeitung« zeigt, was sie als Schriftstellerin ausmachte – und was zugleich ihr Erfolgsrezept war: Baum konnte sich nicht nur gut verkaufen, sie hatte auch einen präzisen und dennoch leichten Stil und einen untrüglichen Instinkt für gesellschaftliche Umbrüche.

In ihrem Text gegen die Haute Couture spiegelt sich der Konflikt zwischen dem Typus der Neuen Frau, die nicht nur patent die Familie organisierte, sondern auch selbstverständlich arbeitete, und dem weiblichen Ideal der Kaiserzeit, dekorativ gekleidet, passiv und auf den Haushalt beschränkt.

Die Spannung zwischen Aufbruch und Tradition trug Baum selbst von Beginn ihres Lebens in sich: Sie wurde 1888 im bürgerlichen Milieu Wiens als Tochter jüdischer Eltern geboren, auf einem Foto posiert die 15-jährige Vicki in einem hellen Spitzenkleid mit Puffärmeln, unter dunklen Locken wirft sie dem Betrachter einen sehnsuchtsvoll inszenierten Blick zu.

Während Baums Beziehung zum Vater undurchschaubar bis zerrüttet war, schwankte die Mutter zwischen Zuneigung und Liebesentzug. Heute würde vermutlich eine manische Depression diagnostiziert, damals aber nannten es die Ärzte Hysterie. Baum pflegte ihre psychisch kranke Mutter bis zu deren Tod und setzte deren Schwäche die eigene Unabhängigkeit gegenüber.

Sie begann zunächst eine Karriere als Konzertharfenistin, für ihren ersten Mann, den Künstler Max Prels, verfasste sie Texte, wenn er einen Abgabetermin nicht einhalten konnte. Ab 1914 publizierte sie unter eigenem Namen, zwei Jahre später heiratete sie den Dirigenten Richard Lert, mit dem sie zwei Söhne bekam und bis an ihr Lebensende zusammenbleiben sollte. Es war eine moderne Beziehung auf Augenhöhe, in der jeder dem anderen Freiraum ließ.

Baum reiste nicht nur immer wieder allein, sondern lebte auch zeitweise aus Karrieregründen getrennt von der Familie: 1926 zog sie nach Grunewald, um als Redakteurin beim Ullstein-Verlag zu arbeiten, ihre sechs

Großer Bahnhof: Sie war ein Star, doch 1932 verließ Vicki Baum Europa. Deutschlands Entwicklung war bedrohlich – und Hollywood lockte.

bis dahin erschienen Bücher hatten zusammen schon eine Auflage von 100 000 Exemplaren. »Berlin war so herrlich lebendig, so geladen mit einer seltsamen Elektrizität«, schrieb Baum im Rückblick. »Bars – ich hatte, bevor ich nach Berlin kam, noch keine gesehen.«

Wie so viele andere Erfolg versprechende Autoren wurde Baum vertraglich als Redakteurin an Ullstein gebunden. Sie betreute hier unter anderem die Literaturbeilage des Magazins »Die Dame« und speiste ihre Romane mit einer Mischung aus Trends, Mode und Medien, mit der sie nun täglich zu tun hatte: Pressefotos, Zeitungsberichte und ihr eigenes gesellschaftliches Leben inspirierten sie. Die alternde Ballerina Anna Pavlova, die sie bei einem enttäuschenden Auftritt in Berlin gesehen hatte, machte sie etwa zu einer der Hauptfiguren in »Menschen im Hotel«: Dort heißt die Tänzerin, deren Ruhm verblasst, Grusinskaja.

Im fortgeschrittenen Alter sollten Baum die eigenen hohen Ansprüche in die Depression führen, doch im Berlin der Zwanziger schien sie nicht zu stoppen, verkörperte selbst ganz das Ideal der Neuen Frau: In ihren Memoiren umriss sie ihren Alltag, der nach dem Nachzug von Mann und Söhnen aus Kinderbetreuung, Fitnesstraining und Arbeit bei Ullstein bestand. Für die Schreibarbeit war erst Zeit, wenn die Söhne im Bett waren. »Häufig riefen mich ... um Mitternacht gute Freunde an: ›Komm lieber mit tanzen – ist besser für dich. Gemacht?‹ ›Gemacht.‹«

Ein irres Pensum. Wobei nie klar war, ob Baums Leben durch ihre Erinnerung gefiltert nicht auch leichtgängiger schien, als es war. Wo ihr Wesenskern aufhörte und die Selbstdarstellerin Baum begann, durchschauten selbst enge Freunde oft nicht, auch weil sich beides so stark überlappte. In ihrem ersten Megaseller »Stud. Chem. Helene Willfüer« von 1928 erzählt sie von einer Studentin, die ein Kind eigentlich abtreiben will, schließlich aber das Baby bekommt und zugleich Karriere macht. Der Roman sorgte für Diskussionen und, wie die Baum-Biografin Nicole Nottelmann beschreibt, wirkte so glaubwürdig, »weil sich in den Kernaussagen des Buchs Baums eigene Überzeugungen spiegelten: Noch bevor er erschien, präsentierte sie sich selbst in verschiedenen Medien als zielorientiert, pragmatisch und zäh – wie ihre Figur«.

Doch das war ein Stück weit auch Fassade: Baum gab sich zwar stets als Hausfrau, die nebenbei schrieb, eine »Elefantenhaut« hatte und sich von schlechten Kritiken nicht kränken ließ. Gleichzeitig aber haderte sie mit ihrem Ruf als massenkompatible Autorin: »Ich bin eine erstklassige Schriftstellerin zweiter Güte.« Was nicht stimmte. Auch wenn die Selbst- und Fremdzuschreibungen als Trivialliteratur die Rezeption von Baums Werk jahrzehntelang bestimmte: Baum war eine erstklassige Schriftstellerin.

Das Jahr 1929 markierte für die Weimarer Republik den Anfang vom Ende, Millionen sollten nach der Weltwirtschaftskrise arbeitslos werden. Baum schrieb mit ihrem Hauptwerk »Menschen im Hotel« ein Buch, das diese Atmosphäre einfängt und dessen Milieuschilderungen tiefe Einblicke in die Gegenwart von damals geben.

In dem Ensembleroman treffen Menschen in einem Berliner Luxushotel zwischen Marmorsäulen und Zigarrenrauch aufeinander, Baum soll es an das später zerbombte »Hotel Excelsior« am Anhalter Bahnhof angelehnt haben. Im Mittelpunkt steht der Buchhalter Kringelein, der nach einer niederschmetternden Krankheitsdiagnose aus der Provinz geflohen ist, um zumindest in seinen letzten Wochen das Leben zu genießen. Dazu kommen neben der alternden Ballettdiva unter anderem ein Fabrikbesitzer kurz vor dem Bankrott, ein morphiumsüchtiger Militärarzt und ein Hochstapler, der bei anderen einsam Versprengten genau erspürt, was sie hören wollen.

Baums Figuren sind geradezu Pop, jede einzelne testet die Spannung zwischen ironischem Klischee und Individualität aus. Der Roman selbst ist wie ein Film aufgebaut: Immer wieder verlässt die Handlung eine Figur mit einem Cliffhanger, um zur nächsten Szene zu springen. Baum verbindet diese Dramaturgie elegant mit Sozialkritik, kreist um das Thema der Vereinsamung, das alle Schichten betrifft. Ihre Figuren sind Zauderer, die sich nur kurzfristig aus den eigenen Verhältnissen herauswagen.

Baum seziert sie einfühlsam und messerscharf zugleich. So beschreibt sie, wie der Buchhalter Kringelein im Luxushotel empfangen wird: »›Ich will vornehm wohnen.‹ Er holte unter dem linken Arm einen feuchten Regenschirm hervor, wobei ihm das fette Paket unter dem rechten Arm entglitt, herunterfiel und ein paar Butterstullen – krumm vor Trockenheit – enthüllte. Graf Rohna vermied es, zu lächeln; der Volontär Georgi drehte sich zum Schlüsselbrett.«

Wie subtil und gnadenlos man Kringelein zu verstehen gibt, dass ein Mensch mit seinem Sozialstatus

nicht in ein Luxushotel gehört, macht die Autorin für
ihre Leser fast schmerzhaft spürbar. Am Ende leben
oder sterben Baums Figuren fast immer für sich allein,
Zuneigung finden sie, wenn überhaupt, nur für Mo-
mente – aber immerhin: Baum schenkt ihnen ihre Sympathie. So urteilt sie nicht über den Hochstapler, der
sich bei Kringelein anbiedert, um an dessen Erspartes
zu kommen. Denn der Kleinkriminelle eröffnet dem
Provinzbuchhalter auch die Möglichkeiten der Großstadt, nach denen dieser sich so verzehrt.

Dass sie Unterhaltungsliteratur schrieb, daraus
machte Vicki Baum keinen Hehl. Die Kritik allerdings
kreidete ihr das zumeist an. So schrieb das Zentralblatt
der KPD, die »Rote Fahne«, 1932 über den Bestseller:
»Es gibt gute proletarische Romane, die tausendmal
lebensechter und spannender sind als dieser Schund.«
Trivial aber waren Baums Werke gerade nicht: Sie war
erzählerisch klug genug, politische Standpunkte nicht
platt zu propagieren. Zugleich waren ihre Bücher zeitgemäß – und damit politischer, als sie sich selbst verstand.

Noch bevor die Nazis an die Macht gelangten, wan-
derte Baum aus. Vielleicht spürte sie, welches Unheil
drohte, vor allem jedoch trieb sie ihre Karriere: Die
Hollywoodadaption von »Menschen im Hotel« mit
Greta Garbo als Grusinskaja war ein Hit. 1933, als
Baums Bücher in Deutschland verboten wurden, lebte
sie, nun zeitgemäß erblondet, bereits seit einem Jahr

in den USA und schrieb weitere Bestseller wie »Hotel Shanghai«.

Nach dem Zweiten Weltkrieg galt ihr Stil als altbacken. Bereits 1944 war Baum zusammengebrochen. Auch wenn sie es selbst nicht einräumte – vielleicht hatte auch das Schicksal ihres Vaters, den die Nazis beim Massaker von Novi Sad ermordet hatten, einen Anteil daran. Ihre Schwäche bekämpfte Baum mit Amphetaminen. Im August 1960 verstarb sie an einer Leukämie, die sie wohl selbst vor ihrem Mann bis zu ihrem Tod versteckt hatte. Dafür ging sie, wie sie es wollte: selbstbestimmt.

In ihren Memoiren, an denen sie bis zu ihrem Tod gearbeitet hatte, schrieb Baum: »Wir sind zu schnell zu weit gekommen. Diese Welt ist nicht mehr der gleiche Planet, auf dem ich geboren wurde ...« Legt man das inszenierte Foto von der 15-jährigen Vicki im Jugendstil-Look neben ein Bild von der Autorin Baum, die in Hollywood mit bewegtem Blick an ihrer Schreibmaschine arbeitet, ist tatsächlich kaum zu glauben, wie viel Weltveränderung ein Menschenleben fassen kann. Jedoch: Vicki Baum sieht auf beiden Fotos aus, als sei sie genau am richtigen Ort.

DIE KOMMENDE KATASTROPHE

Menschen besiedeln den Mars, und ein neues
Deutschland wird zur Weltmacht:
Fantastische Geschichten waren populär – und
bereiteten den Boden für Hitlers Versprechen.

Von Kristin Platt

Die Menschen der Weltstadt A 15 haben das Gehen
längst verlernt. Nur ungeschickt bewegen sie sich aus
eigener Kraft vorwärts – gewohnt, auch für die kürzes-
ten Wege ihre »Autinos« zu nutzen. Schon mit zwanzig
sind die meisten kahl. Der frühe Verlust der Haare ist
ein Ergebnis der »mindestens zwanzigfachen Kreuzung
aller Intelligenznationen der Erde«. Die Stadt besteht
aus organisch miteinander verbundenen Hochhausblö-
cken. Luftverunreinigungen werden durch den Einsatz
von Sauganlagen behoben. Schallverzehrungsapparate
schlucken den Straßenlärm.

Es ist eine hoch technisierte, anonyme Welt, die die
Münchner Autorin Annie Harrar in ihrem 1921 er-
schienenen Roman »Die Feuerseelen« beschreibt: Die
Menschen haben keine Familiennamen mehr, sie tragen
Nummern. Trotz der Entdeckung neuer Nahrungsmit-

tel und der Entwicklung von künstlichem Fleisch verschärft sich das Rohstoffproblem. Der Wissenschaftler Henrik 19 530 und seine Schüler versuchen, auf die Risiken einer neuen Technik aufmerksam zu machen, mittels derer Materie aus Luft gewonnen werden kann.

Tatsächlich führt diese Technik in die Katastrophe: Der Sauerstoff wird knapp. Die Großstädte F 24 und G 12 sind die ersten, die durch eine riesige schwarze Wolke unheimlicher Wesen vernichtet werden. Diese »Feuerseelen«, Geschöpfe mit der Gestaltlosigkeit von Quallen und der Überlebensfähigkeit von Kakerlaken, sind durch die materieverändernden Versuche entstanden.

Harrars düstere Vision mit dem Untertitel »ein phantastischer Roman« war einer von etwa 400 »Zukunftsromanen«, die zwischen 1920 und Mitte der Dreißiger in Deutschland erschienen sind. Schon seit der Jahrhundertwende war das Genre populär, in den Zwanzigerjahren erhielt es noch einmal einen enormen Schub. Nun ging es nicht mehr nur um den Entwurf künftiger Welten, es ging ganz konkret um die Frage nach der deutschen Zukunft.

Mit dem Beginn des 20. Jahrhunderts setzte bei vielen Menschen das Gefühl ein, in einer Zeit zu leben, die sich schier unkontrollierbar beschleunigt. Das war mehr als ein subjektiver Eindruck: Das Tempo der technischen, politischen, sozialen und ökonomischen

Entwicklungen vervielfachte sich tatsächlich. Zugleich verstärkte sich die Sorge, dass die politischen und sozialen Krisen, deren Zeuge man wurde, zu einer überwältigenden Katastrophe anwachsen könnten.

Der Eindruck, dass die politischen Ereignisse über die Gegenwart hinwegrollen, verschärfte sich in den Zwanzigerjahren. Nun aber kam in Deutschland eine neue Angst hinzu, die bald politikmächtig werden sollte: dass man selbst stehen geblieben und von der Zukunft abgehängt worden sei.

Hier setzten die fantastischen Romane an. Sie machten in einer Lage, in der sich viele angesichts der Neuerungen verloren und rückständig fühlten, das verlockende Angebot, die Zukunft zurückzugewinnen. Obwohl die Handlung fiktiv war, erwarteten die Autoren durchaus eine Wirkung ihrer Geschichten auf die Realität. Sie sahen sich in den Jahren nach 1919 an einer entscheidenden Schwelle, nahmen selbstbewusst an gesellschaftlichen Debatten teil und hatten den Anspruch, die Schicksalsfragen der Zeit mitzubestimmen.

Hans Dominik, der vielleicht populärste Autor der Zukunftsromane der Zwanzigerjahre, erkannte seine Aufgabe darin, in »romanhafter Form jene großen Möglichkeiten zu schildern«, die geeignet sein würden, »die Lebensformen der Menschheit in den kommenden Jahrzehnten von Grund auf« umzugestalten. Die Zukunftsromane wurden so zu einem Ort, an dem die politischen und sozialen Anliegen der Zwischenkriegszeit ausgehandelt wurden. Sie sind sehr viel mehr als nur ein Spiegel ihrer Zeit: Sie prägten die Geschichten, die die Menschen verbanden und ihnen Sinn stifteten – und trieben so die Entwicklung entscheidend mit voran.

Zentral für viele Zukunftsromane ist der Gedanke, dass die empfundene Starre Deutschlands gelöst werden müsse – notfalls auch mit Gewalt –, um wieder Anschluss zu finden an das Weltgeschehen. Dieses Denken war in den Zwanzigerjahren weitverbreitet, es trug schließlich zur Kriegsbegeisterung der Deutschen bei. Als »Saltomortale« kennzeichnete der Psychiater und Schriftsteller Alfred Döblin im Rückblick 1946 diesen Plan, »die Geschichte zu unterbrechen, um aus der Geschichte herauszuspringen«.

Zwar warnte die Schriftstellerin Annie Harrar vor solchen einschneidenden Eingriffen: Der Plan, die deutsche Kultur wieder führend in die Geschichte der Welt einschreiben zu wollen, könne auch neue Zerstörungen mit sich bringen. Doch andere Autoren erklärten vernichtende Zerstörungen gerade zum notwendigen Prinzip der Geschichte. So erzählte Alexander Raxin in »Der nächste Massenmord« (1928), wie man durch eine künstlich herbeigeführte Inflation einen Krieg auslösen kann. Eduard Dannert knüpfte an die »irrsinnigen Bestimmungen des Versailler Diktates« an und ließ im Roman »Im Weltkrieg der Andern« (1925) einen zweiten Weltkrieg über die Kontinente toben.

Aus heutiger Sicht erscheinen die Romane düster und dystopisch. Für die zeitgenössischen Leser lag ein hoffnungsvolles Element in der Zerstörung. Zwar war der Erste Weltkrieg mit seinen Schrecken und den Millionen Toten gerade erst vorbei. Doch die Zukunftsromane waren nicht an einer Aufarbeitung des Zurückliegenden interessiert. Sie arbeiteten vielmehr eine korrigierende Wiederholung aus, einen Neuanfang ganz ohne Altlasten – mit dem Deutschland wieder zur Großmacht fantasiert wurde.

Hans Dominik, dessen Werke bis in die Siebzigerjahre verlegt wurden, lässt im 1925 erschienenen Roman »Atlantis« nach Sprengungen eine Landbrücke zusammenbrechen, der Golfstrom wird umgeleitet. In Nordeuropa kommt es zu einer Panik, in deren Verlauf eine Völkerwanderung Richtung Süden beginnt. Eine hypnotisch gesteuerte Waffe verursacht mittels teleenergetischer Konzentration weitere Zerstörungen und Tote. Auf den Trümmern der weltweiten politischen und sozialen Zusammenbrüche entsteht ein neues Land: Atlantis. Die Überlebenden errichten hier eine neue Stadt (Neu-Hamburg) und eine neue, deutsche Ordnung: »Atlantis hieß das Ziel derer, denen der heimische Boden zu eng, zu fremd geworden war. Atlantis! Der Schrei ging durch die ganze Welt. Neues Land! Neues Leben!«

Der Schriftsteller Hanns Lerch entwickelte im gleichen Jahr in seinem Roman »Pestilenz« die ersehnte deutsche Zukunft aus einem weltweiten Massensterben an einer Epidemie. Die Pestepidemie trifft Deutschland zu einer Zeit, als es gerade »wieder stark« geworden scheint. Das nationale Schicksal liegt nun in den Händen der Ärzte.

Einerseits wird gewarnt, dass Ärzte durch die Entwicklung von Impfstoffen zur schwierigen Weltlage beigetragen hätten: »Rechnen Sie sich doch die Vermehrungsziffer der Menschheit aus, überlegen Sie, wie viel bewohnbare Gebiete die Landfläche des Erdballes aufweist, denken Sie besonders an das rapide Wachstum mancher Menschenrassen, der gelben und der schwarzen vornehmlich! Es werden keine hundert Jahre vergehen, dann hockt die Menschheit in 60-stöckigen Wolkenkratzern aufeinander.«

Doch andererseits sind die Ärzte gefragt, um Deutschland zu retten. Das Heilmittel gegen das Massensterben wird schließlich entwickelt, Deutschland wird so politisch zur führenden Nation – und die Idee der politischen Rolle der Medizin ist geboren. Die Epidemie ist in Lerchs Roman nicht beängstigend: Die Toten sind Menschen, die verzichtbar sind. Ihr Sterben ist im geschichtlichen Prozess vorgesehen: Es reinigt die Gesellschaft und macht den Neuanfang erst möglich.

Katastrophen wie diese sind ein wiederkehrendes Motiv der Zukunftsromane der Zwanziger. Die kommende Zerstörung wird töten, aber nicht überwältigen. Sie wird, da sind sich die Romanhandlungen sicher, die

Krise der Zeit überwinden. Doch es reicht den Autoren nicht, auf das Kommende zu hoffen, sie geben ihren Protagonisten die Macht, das Auftreten weltweiter Gewalten und Desaster zu beschleunigen. Zukunft wird nicht nur erwartet, sie gilt als machbar, und sie muss gemacht werden. Verpasst man den entscheidenden Moment oder schreckt man vor der entscheidenden Handlung zurück, könnten die Dämme, die dem neuen Deutschland im Weg stehen, nicht eingerissen werden.

Andere Romane sprengen die Zeit-Raum-Grenzen noch nachhaltiger, sie errichten die neue Welt nicht auf der Erde, sondern auf fremden Planeten. Bevorzugt reisen Raumschiffe zu Mars und Venus. Begegnungen mit Außerirdischen sind dabei jedoch eher selten. Überhaupt wird im Weltraum zumeist Deutsch gesprochen – in den Handlungen geht es nicht um eine Verständigung mit der Zukunft, sondern um ihre Besetzung, ihre Besiedlung.

So ähnlich sich die Romane in ihrer Anlage sind, die Autoren kamen aus unterschiedlichen weltanschaulichen und politischen Richtungen. Die Mehrheit der Werke stand jedoch national-konservativen Ideologien nah. So lassen sich die literarischen Ortsbestimmungen parallel lesen zu konservativen philosophischen und politischen Schriften der Zeit, wie Oswald Spenglers »Der Untergang des Abendlandes« (1918) oder Arthur Moeller van den Brucks »Das dritte Reich« (1923).

Sie alle teilen die Gewissheit, dass nach einer neuen Gewaltkatastrophe eine Zeit der Stabilität, Macht und Blüte wartet. Die Autoren sind sich sicher, dass Deutschland wieder zur führenden Nation von Technik, Wissenschaft und Politik wachsen kann. Worum es ihnen geht, ist der Entwurf einer Blaupause für ein zukunftsfähiges Handeln.

Auf den ersten Blick wirken die Zukunftsromane wie fantasiesatte Fiktionen. Doch beim genauen Lesen offenbaren die Romane das weltanschauliche Wissen der Zwanzigerjahre und lassen spüren, wie sich die Aushandlung politischer und sozialer Anliegen zunehmend verschärfte. So fantastisch die Romane daherkommen, der literarische Weg in die Zukunft war für die Leser von damals eine Reise in bekannte Welten: In Ungeheuern, Pestbazillen und buckligen Börsenmaklern begegneten ihnen allegorisch die Feindfiguren der Zeit. Und indem die Autoren immer wieder das Narrativ von kommender Zerstörung und Neuanfang bedienten, strickten sie mit an der gesellschaftlichen Erwartungshaltung, vor der sich insbesondere der Nationalsozialismus als politische Antwort präsentieren konnte.

Die politischen Veränderungen, die in den Nationalsozialismus führten, bahnten sich nicht still und leise ihren Weg. Sie entwickelten sich über die gesellschaftliche Frage nach dem Ort Deutschlands in Vergangenheit, Gegenwart – und in der Zukunft. Die

Zukunftsromane der Zwanzigerjahre zeigen, dass bereits Zeitgenossen diese Zeit als »Zwischenkriegszeit« dachten.

Dr. habil. Kristin Platt forscht am Institut für Diaspora- und Genozidforschung der Ruhr-Universität Bochum. Sie ist eine der Leiterinnen des Forschungsprojekts »Der verdichtete Raum. Sprache, Text und weltanschauliches Wissen in deutschsprachigen Zukunftsromanen der 1920er und 1930er Jahre«, das von der Fritz Thyssen Stiftung gefördert wird.

GANZ KLAR

Architektur für eine bessere Welt? Diese Idee hatten nicht nur die Bauhaus-Gründer. Der Stadtbaurat Ernst May realisierte sie im »Neuen Frankfurt«.

Von Ulrike Knöfel

Eines der großen gesellschaftlichen Probleme der Zwanzigerjahre ist auch heute wieder aktuell: die Wohnungsnot. Derzeit ist sie in Deutschland eine große Herausforderung – vor knapp hundert Jahren war sie ein übergroßes Problem. In der jungen Weimarer Republik war der Mangel an Wohnraum katastrophal: Die Miet- und Bodenpreise waren nach dem Ende des Ersten Weltkriegs enorm gestiegen. Viele der Ärmeren wohnten deshalb nicht, sie hausten, oft zu mehreren in einer Einzimmerwohnung. Unzählige Menschen hatten lediglich eine Schlafstelle, eine halbe Million Menschen war ganz ohne Obdach. In der Enge vieler städtischer Arbeiterviertel breiteten sich Krankheiten und Gewalt aus.

Vor allem in den Städten fehlte es an Wohnraum, doch das Bauen war teuer, nicht nur wegen der hohen Grundstückspreise. Weil Kohle knapp war, wurden bereits Herstellung und Transport herkömmlicher Baumaterialien wie Ziegel nahezu unbezahlbar. 1922 druckte die Zeitschrift »Das Buch für Alle« einen »Beitrag zur Bekämpfung der Wohnungsnot« und empfahl die Rückkehr zur »Naturbauweise«, vor allem zum Lehmbau. Doch solche Experimente brachten kaum Linderung.

Trotz des eklatanten Problems stieß nicht jede Bautätigkeit auf Begeisterung. Im Magazin »Die Gartenkunst« wurde 1919 die Zerstörung von Anbauflächen beklagt: Über »halb reife und vorzeitig abgeerntete Gärten und Äcker« schreite die »größere Not um Herd und Dach hinweg« und lasse eiligst erbaute Wohnbaracken entstehen, ohne dass Kleingärtnern und Ackerbauern das Recht zugestanden werde, »gegen solche Vergewaltigung mit ihrem Schicksal und mit der Behörde zu hadern«.

Tatsächlich wurde damals, obwohl auch Hunger verbreitet war, mancherorts Selbstversorgern der Boden genommen, um doch nur weitere »Slums« entstehen zu lassen – schon damals ein Schimpfwort. Viele Wohnungssuchende hofften auf Baugenossenschaften, die in großer Zahl gegründet wurden. Doch die Inflation ließ manches Projekt scheitern. Nur langsam verbesserte sich die Lage. Mit der 1924 eingeführten Hauszinssteuer wurde neuer Wohnraum subventioniert: Eigentümer von vor 1918 gebauten Wohnungen – sie waren durch die Hyperinflation bis 1923 praktisch entschuldet worden, während ihr Grundeigentum an Wert gewonnen hatte – mussten einen Teil ihrer Mieteinnahmen an den Staat abgeben. Der finanzierte damit den Bau neuer Wohnungen; es waren die Gründerjahre des sozialen Wohnungsbaus.

Schnell, sparsam und dennoch menschenwürdig sollte gebaut werden, und aus diesen Zwängen entwickelte sich eine bis heute nachwirkende ästhetische Revolution. Es scheint, als hätten die Architekten nicht einfach nur anpacken, sondern umfassend aufräumen wollen: Dem Chaos ihrer Zeit begegneten sie mit radikaler Reduktion und Klarheit von Formen und Anordnungen.

Überhaupt erfanden sich die Architekten damals neu, als Gesellschaftspädagogen, als Retter aus der Not. Zur »gediegenen Einfachheit« wollte etwa der 1886 in Frankfurt geborene Architekt Ernst May erziehen. Das Romantische in der Baukunst erschien ihm »abwegig«, ebenso jeder »gleißnerische Schein«. Das größte Unbehagen verursachten auch bei ihm die »fünfstöckigen Mietskasernen mit zementierten Höfen, von Rückgebäuden verschattet«. Menschen würden in solchen »Steinmeeren« dahinsiechen. Rücksichtslos müsse man diese Form der Wirtschaftlichkeit bekämpfen, forderte May.

Und das tat er – mit Entwürfen für Bauten, die so modern wie günstig waren: Auf einer Tagung im Jahr

1920 betonte er, auf die »unerschwinglichen Bauprei-
se« müsse mit der »Beschränkung auf das Allerwesent-
lichste« reagiert werden. »Wir werden bestrebt sein,
schlichte Baukörper auf rechteckigem Grundriss unter
möglichster Vermeidung von Aufbauten und Ausbau-
ten zu formen.«

Nach einer Anstellung in Breslau kehrte May 1925
nach Frankfurt zurück, wo er als Sohn eines Fabri-
kanten aufgewachsen war. Er war Ende dreißig und
wurde zum Stadtbaurat ernannt, und zwar zum mäch-
tigsten der Republik. Er war zuständig für ein giganti-
sches Wohnungsbauprogramm: Geplant waren 10 000
neue Wohnungen, am Ende wurden es sogar 12 000.
Initiator des Programms war der Frankfurter Ober-
bürgermeister Ludwig Landmann, er wollte der Woh-
nungsmisere in seiner 470 000-Einwohner-Stadt durch
»praktische Gestaltungen« begegnen. May wurde sein
Vordenker und Realisator: Zügig sollte nichts weniger als eine neue Wirklichkeit entstehen, eine, in der
er »Durchlüftung« und »Besonnung« für alle garan-
tieren konnte.

Als angehenden Architekten hatten May im Aus-
landspraktikum die englischen Gartenstädte beeindruckt, davon leitete er die Idee autonomer Vorstadt-
siedlungen ab, die mehr boten als nur Wohnungen.
Deshalb plante er, »Stadterweiterung mittels Trabanten« zu betreiben – ein Konzept, das von Beginn an
umstritten war. Um für seine Ideen zu werben, nutzte

der umtriebige, wortgewaltige Stadtbaurat die Medien. In einer Rundfunkansprache betonte er, die Architekten eines »Neuen Bauens« verbinde über die Grenzen der Länder hinweg ihr »warm empfindendes Herz für alle Menschen in Not«.

»Neu« war eine der prägenden Vokabeln der Zwischenkriegszeit, positiv besetzt bei Rechten wie Linken: Das Neue sollte Erlösung bringen von allem, was man als mangelhaft, unzureichend empfand. May schwärmte von »völlig neuzeitlich« eingerichteten Häusern, »mit eingebauten Schränken usw. und mit rationell eingerichteter Küche«. Er gab eine Zeitschrift heraus, die er »Das Neue Frankfurt« nannte. Bald verstand man unter dem »Neuen Frankfurt« vor allem Mays Stadterweiterung.

Heute wird der alles verändernde Umbruch in der Architektur vor allem dem Bauhaus zugeschrieben. Die 1919 in Weimar eröffnete Akademie propagierte eine innovative Vorstellung vom Künstlertum: Künstler sollten mehr Handwerkern ähneln als Genies, sollten mit ihren Schöpfungen der Architektur dienen und dabei einen »neuen kommenden Glauben« finden, so schrieb es der Architekt und Schulgründer Walter Gropius.

Bauwerke waren für ihn Gesamtkunstwerke, Gemeinschaftsprodukte – das »Endziel aller bildnerischen Tätigkeit«. Ganz nebenbei wollte man mit Gestaltung, also über Architektur und Design, die Welt verbessern.

Viel gebaut wurde am Bauhaus trotzdem nicht, es fehlte an Geld. Doch das Wenige – darunter die von Gropius entworfenen, legendären Meisterhäuser in Dessau – reichte, um den Stil und die Utopieseligkeit der Akademie weltberühmt zu machen.

Im Gegensatz zu Gropius sah sich May eher nicht als Messias eines neuen Glaubens, sehr wohl aber doch als Visionär. Und er war ein sehr selbstbewusster Macher. Der Architekt Martin Elsaesser, Leiter des Frankfurter Hochbauamtes, sollte neben ihm der zweite Kopf einer Doppelspitze beim Projekt »Neues Frankfurt« sein, aber May war der Chef. Zu seinem Stab gehörte auch Österreichs erste praktizierende Architektin Margarete Schütte-Lihotzky. Als Erfinderin der Einbauküche nimmt sie in der Geschichte der Innenarchitektur eine besondere Stellung ein und ist heute fast prominenter als May oder Elsaesser.

Zwischen 1925 und 1930 entstanden insgesamt 15 Siedlungen an den Rändern der damaligen Innenstadt. Bereits 1927 zog May eine Zwischenbilanz: »Im Westen der Stadt an den Hängen der Niddaniederung beginnen sich bereits die Linien und Flächen des Bebauungsplans in Stein umzusetzen. In Ginnheim, Praunheim und Heddernheim steigen ausgedehnte Wohnkomplexe in gebündelter Lage aus dem Freilande hervor.«

So praktizierte May das, was in der »Gartenkunst« 1919 beanstandet worden war, nämlich die Stadt auf

Frankfurt a. M. - Niederrad - Zickzackhausen

Große Vision: Der Architekt Ernst May entwarf mit dem Projekt des »Neuen Bauens« ganze Stadtteile im Geiste der Neuen Sachlichkeit. 12000 Wohnungen entstanden. Der Volksmund fand für Mays Mustersiedlungen in der Frankfurter Bruchfeldstraße einen eher pragmatischen Namen: Zickzackhausen.

Kosten der Äcker auszudehnen. Sogar Dörfer wurden eingemeindet. Nur schuf er keine Slums, sondern lauter eigene Zentren rund um die alte Kernstadt, mit Wohnungen, Läden, Werkstätten und Schulen. Seinen Trabanten war sofort anzusehen, dass sie nicht langsam gewachsen waren: Alles war neu und wie aus einem Guss, wie über Nacht auf die Erde gefallen.

In der Höhe blieb er moderat, die Siedlungen bestanden aus zwei- und dreigeschossigen Reihenhäusern und höchstens viergeschossigen Wohnblocks. Alle Gebäude, auch die Schulen oder Krankenhäuser, waren wegen ihrer vom Industriebau inspirierten Flachdächer ein ästhetischer Schock für das Bürgertum. Für sich selbst, seine Frau und die zwei Söhne baute er in der Nähe einer seiner Siedlungen mit Blick über das Niddatal ein Heim, das er als Musterhaus des Neuen Bauens verstanden wissen wollte: eine kantige, weiß verputzte Villa mit riesigem Atelierfenster. Die Dachterrasse ließ sich durch Vorhänge verschatten. Inspiriert worden war er von den Bauten seines Schweizer Kollegen Le Corbusier und wohl auch von den Entwürfen des Bauhaus-Gründers Gropius.

Mays Ideal war das Eigenheim mit Garten, in dem die Bewohner Gemüse anbauen konnten. Aber das sei, schrieb er in seiner Zeitschrift, nicht für jeden zu verwirklichen. So entstanden eben Reihenhausviertel mit Gärten, in anderen Quartieren wurden Laubenkolonien mitgeplant. In den Häusern und Wohnungen sollten sich die Mieter fühlen, als seien sie bereits in einer besseren Zukunft angekommen. Im Angebot hatte das Neue Frankfurt überwiegend Dreizimmerwohnungen. Selbst kleinere Apartments wurden mit Bad ausgestattet. Zentralheizung oder Fernwärme lösten Kohleöfen ab, gekocht wurde modern, vorwiegend mit Gas oder elektrisch. Mehrere Siedlungen ermöglichten den Anschluss mit Kopfhörer oder Lautsprecher an ein eigens eingespeistes »Zentralradio«.

Einige Anwohner mögen von solchen Möglichkeiten überfordert gewesen sein, manche Familien etwa ignorierten die Zentralwäschereien in den Siedlungen und wuschen und trockneten ihre Textilien lieber zu Hause – was zu feuchten Wänden führte. Andere protestierten, weil geerbte Möbel wie ausladende Buffetschränke in den kleinen Wohnungen keinen Platz mehr fanden. In Sachen Geschmack bot May ihnen Nachhilfe an: Ein Katalog namens »Frankfurter Register« führte eigens gestaltete Einrichtungs- und Gebrauchsartikel auf. Stühle von Thonet, Leuchten von Poul Henningsen, diverse Küchenutensilien von WMF – allesamt heute Ikonen des Designs. Auch einfarbige oder gerasterte »Frankfurter Siedlungstapeten« konnten erworben werden.

Natürlich spiegeln die Wohnungsentwürfe das gesellschaftliche Idealbild, das May und seine Leute vor Augen hatten: Es ging ihnen darum, jedem Menschen würdiges Wohnen zu ermöglichen – aber auch das Leben praktischer, schneller, moderner zu gestalten. So versuchten sie, mit vielen Innovationen der Hausfrau das Arbeiten zu erleichtern, die Küche wie einen laborähnlichen Arbeitsplatz aussehen zu lassen. Dass der Haushalt ausschließlich Sache der Frau war, stand nicht infrage – und zwar unabhängig davon, ob sie zusätzlich auch noch berufstätig war. Für ledige, berufstätige Frauen wurden eigene Wohnblocks errichtet.

Ein weiteres Ziel war es, Wohnungen zum günstigen Massenartikel zu machen. Wichtig dafür war die Rationalisierung, letztlich die Industrialisierung des Bauens.

Nicht nur genormte und massenhaft hergestellte Teile wie Türbeschläge und Fenster sollten die Baukosten senken. Auch ein Plattenbausystem wurde entwickelt und als »Frankfurter Montageverfahren« patentiert – allerdings zeigte sich, dass ein solcher Rohbau nach dem »May-System« teurer war als ein herkömmlicher, gemauerter. Und an Geld fehlte es im Land bald mehr denn je. Nicht alle Frankfurter Siedlungen wurden im geplanten Umfang fertiggestellt, nicht alle Vorzeigeprojekte – wie ein avantgardistisches Schwimmbad – verwirklicht.

Selbst die Nebenkosten vieler bereits gebauter Wohnungen stiegen bald so an, dass Arbeiter und andere Kleinverdiener sie sich nicht leisten konnten. Deshalb standen einige Einheiten trotz Wohnungsnot leer. Wieder reagierte May mit Reduktion: Er plante die Grundflächen der Einheiten noch kleiner. Und auch für diese Maßnahme rührte er die Werbetrommel. 1929 fand auf seine Initiative hin in Frankfurt am Main ein großer Architekturkongress statt. Es war die zweite Ausgabe eines von Le Corbusier und anderen Modernisten gegründeten Debattenforums, Hauptthema war »Die Wohnung für das Existenzminimum«. Mays Leute stellten Kleinstwohnungen und passendes Mobiliar vor: Das »Frankfurter Bett« ließ sich tagsüber hochklappen.

Das Ende der großen Vision namens Neues Frankfurt lässt sich schwer an einem einzigen Datum fest-

machen. Es begann aber auf jeden Fall mit Mays Weg-
zug aus der Stadt: 1930 ließ er sich abwerben, zog mit
seiner Familie und einer Gruppe Mitarbeiter in die
Sowjetunion, wo er in noch größerem Umfang Siedlungen errichtete. Im Dezember 1933 gingen die Mays
von dort wieder weg, doch für ihn, den Sohn einer jüdischen Mutter, war Deutschland keine sichere Heimat
mehr. Er zog nach Ostafrika, arbeitete erst als Farmer,
dann wieder als Architekt.

In den Fünfzigerjahren kehrte er nach Deutschland
zurück. Zwei Jahre lang war er Planungsleiter der
»Neuen Heimat«, danach arbeitete er freiberuflich für
dieses gemeinnützige Wohnungsbauunternehmen, das
zum weltgrößten Wohnbaukonzern werden sollte.

Nun, während der Zweiten Moderne nach 1945, verloren viele Stadtplaner endgültig den Maßstab, entwar-
fen gigantische Siedlungen auf der grünen Wiese, die
sich oft schnell zu sozialen Brennpunkten entwickelten. May gehörte von 1956 an zu den Architekten der
Neuen Vahr in Bremen, mit 10 000 Wohneinheiten in
Reihen gleichförmiger Blöcke und bis zu 22 Stockwer-
ken. Ausgerechnet das, was schwierig war an den Utopien der Zwanzigerjahre – der Schematismus, der dem
Wohnen jede Individualität nahm –, wurde noch gestei-
gert. Der soziale Wohnungsbau wirkte hier nicht mehr
sozial, jedenfalls nicht wohnlich.

Und das Neue Frankfurt? Es blieb im Zweiten Weltkrieg weitgehend unzerstört. Doch einige Häuser fielen

der Abrisswut der Siebzigerjahre zum Opfer, anderes wurde bis zur Unkenntlichkeit saniert. Im Bauhaus-Jubiläumsjahr 2019 entdeckte auch Frankfurt sein architektonisches Erbe der Zwanzigerjahre wieder. Kürzlich wurde beschlossen, dass die Siedlungen nach und nach saniert werden sollen.

SCHNELLES WISSEN

WOFÜR STAND DIE »NEUE SACHLICHKEIT«?

Die Neue Sachlichkeit war eine Kunstströmung der Weimarer Zeit, die neben der bildenden Kunst auch Literatur und Architektur einbezog. Grundcharakteristikum ist die Abkehr vom Expressionismus und die Hinwendung zu reduzierten, klaren Formen, realistischen, oft kühl und nüchtern wirkenden Darstellungsformen und Designs. In der Malerei entstand neben der politischen Kunst der »Veristen«, deren Realismus Kritik übte, auch eine um Idylle bemühte, fast naiv erscheinende Schule. In der Architektur war Pragmatismus das prägende Element: Die Grenzen zum Bauhaus waren fließend – das Kunstdesign und Architektur vereinende Bauhaus wurzelte in der Neuen Sachlichkeit.

WAS WAR DAS BAUHAUS?

Das 1919 in Weimar gegründete Bauhaus war im Wortsinn eine Schule: Der Architekt Walter Gropius wollte Kunst und Handwerk, Architektur und Gebrauchsgüterdesign zusammenbringen. Aus der Synthese sollte »Baukunst« entstehen, in der man leben konnte – eben das »Bauhaus«. Die Leitideen seiner Schule, die bald für einen ganz eigenen Stil in Architektur und Design stand, fußten in der Neuen Sachlichkeit: Gebäude und Objekte sollten auf nüchterne, sachlich-unverschnörkelte Weise schön sein. Die Idee ging um die Welt und entwickelte sich zur erfolgreichsten Kunstströmung, die Deutschland im 20. Jahrhundert hervorbrachte. Das Bauhaus bestand nur 14 Jahre, sein Einfluss wirkt bis heute fort.

MONUMENTALE QUALEN

Filme wurden das Massenmedium der Zwanziger. Mit »Metropolis« wollte Starregisseur Fritz Lang von Berlin aus Hollywood Konkurrenz machen – um jeden Preis.

Von Bernd Oswald

Es ist eine Tortur für die rund tausend Männer. Mit vereinten Kräften müssen sie einen Felsbrocken mit Seilen durch tiefen Sand schleifen, nur mühsam kommt der auf Baumstämmen gelagerte Stein voran. Die Männer sind fast nackt, tragen nur einen Lendenschurz, ihre Köpfe sind kahl rasiert. Die Anstrengung sieht man ihnen an. Und genau das ist der Plan. Der Felsbrocken ist zwar nur Filmrequisite, die Baumstämme aber sind echt – und die Mühsal der Statisten. Dabei sind Fritz Lang die tausend schuftenden Männer eigentlich noch zu wenige. Der Regisseur des Films »Metropolis« will den Bau des Turms von Babel als Schwerstarbeit eines Sklavenheeres inszenieren. Dafür hat er 6000 Männer gefordert.

Der Mann mit dem Monokel denkt groß. Mit Stummfilmen wie »Dr. Mabuse, der Spieler« und »Die

Nibelungen« ist der 35-jährige Wiener mit deutschem Pass ein Star geworden, der erfolgreichste Filmemacher der Produktionsgesellschaft Ufa. Jetzt, im Oktober 1925, steht er zwischen den Kulissen eines Stummfilms, dessen Aufwand alles bis dahin Dagewesene lächerlich wirken lässt. Er will Publikum und Kritik mit faszinierender Architektur, spektakulären Tricks und aufregenden Kameraeinstellungen begeistern. Seine Produktionsfirma bringt er damit an den Rand des Ruins – und seine Darsteller an ihre körperlichen und psychischen Grenzen. Egal: »Metropolis« soll das Nonplusultra des deutschen Films werden, nichts weniger erwartet Lang von seinem Werk.

Auch seinem Team verlangt er alles ab – vor allem höchste Kreativität. Denn 6000 Mann, die bereit sind, sich für geringes Geld eine Glatze rasieren zu lassen und sich zu schinden, kann auch die Ufa nicht auftreiben. Die rettende Idee hat Kameramann Karl Freund: Er nimmt den tausendköpfigen Tross der nackten Männer sechsmal hintereinander auf – immer auf einem anderen Abschnitt desselben Negativs. Am Ende ergeben die sechs Teilbilder die von Lang gewünschten 6000 Leute: Im Film wirkt es tatsächlich so, als wären mehrere Tausend Sklaven im Einsatz.

Die Babel-Szene ist eine Rückblende in die Vorzeit. Denn auch in der futuristischen Megastadt Metropolis steht ein imposantes Bauwerk, der »Neue Turm Babel«, auch dort arbeiten Menschen unter ähnlichen

Bedingungen wie die antiken Sklaven. Langs Ehefrau Thea von Harbou hatte die Stadt der Zukunft in ihrem gleichnamigen Roman entworfen, sie schrieb auch das Drehbuch für den Film. In »Metropolis« herrschen krasse Gegensätze: In der Oberstadt leben und vergnügen sich die Reichen, während sich die Arbeiter an monströsen unterirdischen Maschinen abrackern, welche die Stadt am Leben erhalten; zentral ist die »Herzmaschine«, eine Art symbolisches Kraftwerk. Zu den Maschinenräumen gelangen die Arbeiter per Aufzug, sie wohnen noch tiefer unter der Erde.

Die Handlung mischt Systemkritik mit futuristischem Optimismus. Das Setting ist von der in den USA aufkommenden industriellen Massenproduktion beeinflusst, in der die menschliche Arbeitskraft an Wert verliert. Gleichzeitig zeugt »Metropolis« aber auch von ungeheurer Technikbegeisterung: Autos schieben sich durch die Straßen, Schnellbahnen sausen über Schienenstränge, Flugzeuge segeln durch Häuserschluchten. Die Flieger starten und landen auf Plattformen auf dem Neuen Turm Babel. Vom Turm aus steuert Alleinherrscher Joh Fredersen die Prozesse, überwacht die Stadt mithilfe zahlreicher Apparate, unter anderem einem Bildtelefon, über das er mit dem Wächter der Herzmaschine spricht.

»›Metropolis‹ wird die Stadt des nächsten Zeitalters sein, ragend in unerhörten Dimensionen. Eine riesenhafte Stadt aus Stahl, Beton und Glas. Ich will die Sinfonie der technischen Möglichkeiten geben, den Rhythmus blitzfunkelnder Maschinen, den Rhythmus der Menschheit, die morgen sein wird«, hat Fritz Lang in einem Interview vor Beginn der Dreharbeiten versprochen. Ein New-York-Besuch im Oktober 1924 hat seine Fantasie angestachelt, die Stadt mit ihren nachts blinkenden und glitzernden Leuchtreklamen haben ihn tief beeindruckt. In der Zeitschrift »Film-Kurier« schreibt der Regisseur, dass »allein der Anblick von Neuyork bei Nacht genügen müsse, um dieses Fanal der Schönheit zum Kernpunkt eines Films zu machen«.

Um seine Ideen umzusetzen, engagiert Lang die Filmarchitekten Erich Kettelhut und Otto Hunte. In seinen Memoiren erinnert sich Kettelhut an seine ersten Eindrücke nach Durchsicht des Drehbuchs: »Alles, was dem Film an tricktechnischen Finessen zur Verfügung stand, sollte hier eingesetzt werden. Dazu gab es Bauten von gewaltigen Ausmaßen, in denen große Menschenmassen bewegt werden konnten.«

Am 25. Mai 1925 beginnen die Dreharbeiten. Die Messlatte liegt hoch: »Bei jeder Kunst, aber beim Film ganz besonders, gilt als oberstes Gesetz, dass man von einem Werk, von seiner Arbeit selbst aufs Innerste ergriffen und besessen sein muss«, beschreibt Lang seine Ansprüche, und die stellt er an alle, die mitwirken.

Ein spezielles technisches Verfahren macht es möglich, reale Filmszenen mit Spiegelbildern von Modellbauten zu kombinieren. So wirkte die nur wenige Me-

Zukunftsstadt im Studio: Wolkenkratzer, freitragende Verkehrsachsen, Flugzeuge – für wenige Sekunden von »Metropolis« entstand ein aufwendiges Modell.

ter hohe Hochhauskulisse auf der Leinwand wie ein riesiger Wolkenkratzer. Der Aufwand ist enorm: Was im Film nur zehn Sekunden dauert, kostet die Kameramänner fast acht Tage Arbeit. Die Filmarchitekten brauchen Wochen, um die Kulissen zu bauen. Für eine Szene, in der die Unterstadt von Metropolis überschwemmt wird, konstruieren sie mehrere swimmingpoolgroße Wasserbehälter.

Das Modell der Herzmaschine ist 20 Meter breit und hoch, ebenso das Modell der Molochmaschine, die im Film reihenweise Arbeitssklaven verschlingt. Um solch riesige Kulissen überhaupt bauen zu können, dreht das Team zeitweise in den ehemaligen Zeppelin-Produktionshallen in Berlin-Staaken. In einer »Metropolis«-Ausgabe des »Ufa-Magazins« prahlt Aufnahmeleiter Rudi George mit Zahlen: 36 000 Komparsen, davon 1100 »Kahlköpfe«, 750 Kinder, 100 »Neger« und 25 Chinesen sind dabei. 50 Autos werden nach eigenen Entwürfen angefertigt. Für Arbeitslöhne gebe man 1,6 Millionen Mark aus, für Licht, Farbe, Holz und Mörtel 400 000 Mark und für Kostüme 200 000.

Das spektakulärste Kostüm ist das des Maschinenmenschen, eines Roboters mit weiblichen Zügen. In der Mitte des Films wird die Gestalt der Maria, die weibliche Hauptfigur des Films, auf diesen Androiden übertragen, er soll die Arbeiter zur Revolte aufstacheln. Beide Figuren werden von Brigitte Helm gespielt, bei Drehbeginn 19-jährige Schauspieldebütantin, die für den Film größte Strapazen auf sich nimmt.

Für das Roboterkostüm haben die Kostümbildner einen Gipsabdruck von ihrem Körper angefertigt. Ein Bildhauer trug danach eine formbare Holzmasse auf den Abdruck auf und modellierte die einzelnen Teile der Rüstung. Da zwischen Abdruck und Dreh aber Wochen vergangen sind, passt die Rüstung nun nicht mehr perfekt. Helm, die fast nackt in die Holzhülle schlüpfen muss, beklagt sich über zwickende und kneifende Stellen. »Es war wirklich eine Tortur, mehrere Tage hindurch stundenlang im heißen Atelier in dieser starren Enge zubringen zu müssen«, erinnert sich Filmarchitekt Kettelhut.

Gegen Ende des Films verfolgt der Erfinder des Maschinenmenschen Maria bis in den Glockenturm des Domes von Metropolis. In die Enge getrieben, sieht die Figur Maria keinen anderen Ausweg, als auf die große Glocke zuzuspringen und sich am Glockenstrang festzuhalten. Beim Dreh fordert das von Brigitte Helm eine artistische Leistung, denn die imposante Glocke beginnt zu schwingen: Die Schauspielerin rutscht abwärts und wird dabei von einer Turmwand zur anderen geschleudert. Mit Hautabschürfungen, Prellungen und zerfetzter Kleidung steigt sie schließlich aus der Kulisse. »Dann lief Brigitte Helm, körperlich und seelisch völlig am Ende, weinend aus dem Atelier«, erinnerte sich Erich Kettelhut.

In einer der letzten Szenen soll die Maschinen-Maria auf einem Scheiterhaufen aus futuristischen Autos verbrannt werden. Brigitte Helm wird an einen Pfahl gefesselt, das Feuer ist echt. Die Schauspielerin ist stundenlang Hitze und Qualm ausgesetzt, fürchtet sich vor den Flammen. Der spätere Regisseur Curt Siodmak, der die Szene als Statist miterlebt, behauptet in seiner Autobiografie sogar, dass Brigitte Helms Kleid durch Funken Feuer fing. Lang und die Feuerwehr hätten die Flammen rasch gelöscht, ehe Helm in Langs Armen zusammengebrochen sei.

»Unter der Regiehand von Fritz Lang zu arbeiten war für keinen ein Honiglecken«, erinnerte sich Gustav Fröhlich, der Freder Fredersen, den Sohn des »Me-

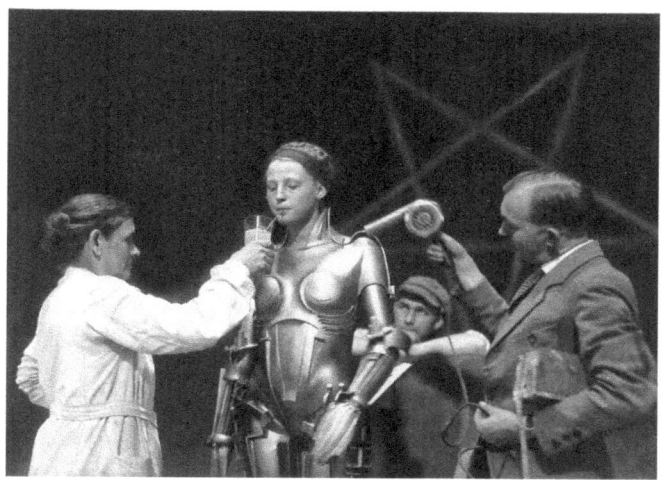

Erfrischung für die Dämonin: Während ihre enge Rüstung mit einem Föhn vorbereitet wird, kann Brigitte Helm lediglich durch einen Strohhalm etwas Saft trinken.

tropolis«-Herrschers, spielt. Er selbst erlebt das bei der Liebesszene zwischen Freder und Maria in den Katakomben der Arbeiter. Freder geht vor Maria auf die Knie – wieder und wieder und wieder: Mal missfällt Lang der Blick, dann ist ihm die Umarmung nicht innig genug oder der Kuss zu kurz. Zwei Tage lang lässt Lang Fröhlich und Helm die Szene spielen, am Ende kann Fröhlich kaum mehr stehen.

Andere Zeugen der »Metropolis«-Dreharbeiten bezeichnen Lang als sadistischen Dompteur. Und als bedenkenlosen Materialverschwender. Am Ende sollen 620 000 Meter Negativfilm belichtet worden sein. Die Ursprungsfassung des Monumentalfilms ist 4189 Meter lang; für jeden aufgeführten Meter Film wären somit 148 Meter Negativfilm aufgenommen worden. Doch die riesige Filmmenge erklärt sich wahrscheinlich damit, dass es insgesamt drei Negative gibt: eines für den deutschen Markt, eines für den amerikanischen und eines für den internationalen Verleih der Ufa. Lang lässt so lange drehen, bis er von jeder Szene drei Aufnahmen im Kasten hat, die seinen hohen Ansprüchen genügten.

Da die Hauptdarsteller Gustav Fröhlich und Brigitte Helm Anfänger sind, wird wohl exzessiv geprobt und gedreht. Doch selbst, wenn drei Negative entstehen, werden pro Meter aufgeführtem Film 49 Meter Film gedreht. Das alles kostet Unsummen. Schon im November 1925 kommen Gerüchte auf, dass die Ufa finanzielle Schwierigkeiten hat. Im Laufe des Geschäftsjahrs soll sie mehr als 50 Millionen Reichsmark Schulden angehäuft haben. Im März 1926 berichtete die Presse zum ersten Mal über Budgetüberschreitungen bei »Metropolis«. Ursprünglich waren 800 000 Reichsmark Produktionskosten veranschlagt, später erhöht auf 1,5 Millionen Mark. Bald munkelt man von bis zu 5 Millionen Mark.

Als der Film im September 1926 immer noch nicht fertig ist, schreibt Emil Georg von Stauß, der Aufsichtsratsvorsitzende der Ufa und Vorstandsmitglied der Deutschen Bank, einen Brief an Lang, in dem er beklagt, dass »Metropolis« schon mehr als doppelt so viel wie geplant gekostet habe. Lang antwortet höflich, aber auch selbstbewusst: »Metropolis« werde in allerkürzester Zeit fertig sein, und er sei sicher, »dass die Ufa mit diesem Film nicht nur höchste Ehre in der ganzen Welt einlegen, sondern auch das darin investierte Kapital mit Zinsen und Zinseszinsen zurückgewinnen wird«.

Tatsächlich ist der Dreh am 30. Oktober 1926 nach 310 Drehtagen und 60 Drehnächten beendet. Wie viel Geld »Metropolis« am Ende verschlungen hat, ist bis heute nicht klar. Auf der Ufa-Generalversammlung am 22. April 1927 teilt von Stauß mit, dass der Film rund fünf Millionen Mark gekostet habe. Lang wehrt sich und will durch ein Schiedsgericht feststellen lassen, dass er nicht annähernd so viel Geld ausgegeben hat. Dazu kommt es jedoch nicht. Die Presse meldet schließlich sogar Herstellungskosten von sieben oder gar acht Millionen Mark.

Am 10. Januar 1927 feiert »Metropolis« schließlich Premiere: 1200 Gäste, darunter Reichskanzler Wilhelm Marx und Außenminister Gustav Stresemann, sind in den Ufa-Palast am Zoo gekommen, um den 153-Minuten-Film zu sehen. Das Premierenpublikum ist begeistert und beklatscht Film und Schauspieler frenetisch. Die Filmkritiker zeichnen ein differenzierteres Bild: Sie loben zwar die technische Umsetzung, verspotten aber die sozialkritische und kitschige Handlung. Obwohl der Film die exorbitanten Produktionskosten eigentlich rasch wieder einspielen müsste, läuft »Metropolis« bis zum 13. Mai 1927 nur im Ufa-Pavillon am Berliner Nollendorfplatz. Gerade einmal 15 000 Zuschauer wollen ihn sehen.

Auch Hollywood, wo Fritz Lang mit dem Film Eindruck schinden will, bleibt reserviert. Im Dezember 1926 wird der Dramatiker Channing Pollock damit beauftragt, »Metropolis« für den US-Markt zu adaptieren. Pollock findet die Story zu lang und zu komplex für den Geschmack des amerikanischen Publikums. Er kürzt den Film um ein Viertel, schneidet dabei aber auch Szenen heraus, die für das Verständnis der Handlung wichtig sind. In dieser reduzierten Fassung kommt »Metropolis« Anfang März 1927 in New York in die Kinos.

Dann übernimmt der Konzern des deutschnationalen Unternehmers und Politikers Alfred Hugenberg die kurz vor dem Ruin stehende Ufa. Die neue Ufa-Direktion beschließt, »Metropolis« auch in Deutschland »in der amerikanischen Fassung möglichst unter Beseitigung der Betitelung mit kommunistischer Tendenz« zu vertreiben. Die Urfassung wird abgesetzt und nach dem amerikanischen Vorbild gekürzt – Fritz Lang wird nicht mehr gefragt.

Ende August 1927 läuft die gekürzte, nur noch 117 Minuten lange Fassung des Films in den deutschen

Kinos an. Sie floppt ebenso wie in den USA. In Deutschland hat »Metropolis« nur einen Bruchteil seiner Produktionskosten eingespielt. Die Filmwissenschaftler Werner Sudendorf und Wolfgang Jacobsen schreiben in ihrer »Metropolis«-Monografie, dass der Film »an seiner schieren Masse« gescheitert sei und »zur historisch überholten Sensation degradiert wurde durch Tonfilm, Farbe und Breitwand«.

Für Jahrzehnte verschwindet »Metropolis« in der Versenkung, die Originalversion geht verloren. Eine Version wird 2001 ins Unesco-Weltdokumentenerbe aufgenommen. 2008 taucht in Buenos Aires überraschend eine fast komplette »Metropolis«-Fassung auf. Aufwendig restauriert, feiert sie 2010 in Berlin Premiere.

In der Popkultur erlebt »Metropolis« schon früher eine Renaissance: In den Achtzigerjahren erwirbt der italienische Musikproduzent Giorgio Moroder die Rechte am »Metropolis«-Material, ersetzt die Originalmusik durch Popsongs von Freddie Mercury oder Bonnie Tyler und koloriert Szenen. Die 80-minütige Moroder-Version debütiert auf dem Cannes-Festival 1984, für Filmwissenschaftler Thomas Elsaesser ist das die »Geburt von ›Metropolis‹ als Kultfilm«. Die »Metropolis«-Version von Moroder wird ein kommerzieller Erfolg, auch in den USA.

Hollywood-Regisseure erweisen »Metropolis« immer wieder ihre Referenz. Am eindeutigsten wohl Regisseur Ridley Scott mit dem Science-Fiction-Film »Blade Runner«: Wolkenkratzer und Straßenschluchten im von Schmutz, Dauerregen und Überbevölkerung gequälten Los Angeles erinnern stark an »Metropolis«. Und dann gibt es da noch den goldenen humanoiden Roboter C-3PO aus dem »Star Wars«-Universum, der ganz offenkundig dem Maschinenmenschen aus »Metropolis« nachempfunden wurde. »Metropolis« gilt mittlerweile als Meilenstein der Filmgeschichte – auch in Hollywood.

SCHNELLES WISSEN

WELCHE ROLLE SPIELTE DAS KINO?

Das Medium Film erlebte in den Zwanzigerjahren einen enormen Aufschwung. Die Zahl der Kinos in Deutschland stieg von 2300 (1918) auf mehr als 5000 (1930). Die Lichtspielhäuser hatten täglich etwa zwei Millionen Besucher – heute sind es nicht einmal 300 000. Ungefähr 500 abendfüllende Filme kamen pro Jahr ins Kino. Auch die Zahl der deutschen Produktionen wuchs.

OHNE HERZ

»Metropolis« machte Brigitte Helm zu einer Berühmtheit – unfreiwillig.

Hannah Pilarczyk

»Film ist unmoralisch!«, soll Brigitte Helm dem Regiestar Fritz Lang 1925 beim Vorsprechen für den Film »Metropolis« an den Kopf geworfen haben. Ein harsches Urteil. Womöglich bezog es sich aber eher auf die Weise, wie Helm selbst zum Film gekommen war. Ihre Mutter hatte ein Foto der damals 16-Jährigen heimlich bei der Filmgesellschaft Ufa eingereicht und sie anschließend dazu gedrängt, die Einladung zu Probeaufnahmen anzunehmen. Brigitte Helm selbst hatte sich eher als Ärztin oder Astronomin gesehen.

Lang aber erkannte ihr Potenzial: Er besetzte sie auch ohne Schauspielerfahrung gleich in einer Doppelrolle. Helm spielte in »Metropolis« die zarte Jungfrau Maria und den kühlen Maschinenmenschen – weltberühmt machte sie vor allem letztere Rolle, als Roboter, dem mysteriöse Strahlen eine glänzende Rüstung samt weiblichen Rundungen verpassten. So wurde sie zur Ikone des noch jungen Kinos: eine hochmoderne Frauenfigur, die ebenso sehr faszinierte wie Furcht einflößte.

Die Rolle machte Helm – der ursprüngliche Nachname Schittenhelm wurde zum flotten Einsilber verkürzt – zum Star, die Ufa gab ihr einen Zehnjahresvertrag. Der sah vor, dass sie fortan vor allem Vamps und Herzensbrecherinnen verkörperte, denen ihre eigenen Gefühle reichlich egal waren. Helms Schauspiel war entsprechend minimalistisch-unterkühlt. Sie konnte sich ganz auf die Dramatik ihres Gesichts verlassen, die ausdrucksstarken Augenbrauenbogen, die zu ihrer schmalen, langen Nase führten, an deren Ende sich ihr kleiner Mund wie der Punkt eines Ausrufezeichens ausnahm.

Ihr Erfolg hielt auch nach »Metropolis« an, sie spielte mit Stars wie Hans Albers, Gustaf Gründgens oder Jean Gabin. Doch ihre Skepsis gegenüber dem Film, diesem unmoralischen Geschäft, blieb. Von der Ufa fühlte sie sich derartig bedrängt, dass sie 1929 vor einem Schiedsgericht gegen die Firma klagte: Sie wollte weg von der Rolle der Femme fatale, auch mal normale Frauen spielen. Bevor es zum Urteilsspruch kam, zog Helm ihre Klage jedoch zurück und musste erst einmal weiterdrehen, um durch den Prozess angehäufte Schulden bezahlen zu können.

Kurze Zeit später kam ihr die technische Entwicklung zu Hilfe: Der Tonfilm wurde eingeführt und entzauberte ihren Mythos ein Stück weit. Denn ihre Stimme wollte so gar nicht zu ihrem imposanten Äußeren passen: Sie »plausche wie ein Pensionsfräulein«, hieß es in Kritiken. Für Helm kam das jedoch einem Befreiungsschlag gleich. Endlich konnte sie auch Sekretärinnen, Hausfrauen und Sportlerinnen spielen; geerdete Frauenfiguren, die nicht nur dazu da waren, Männerblicke auf sich zu ziehen.

Dass sie die Verbindungen zur Ufa nicht hatte kappen können, war für Helm in dieser Phase ihrer Karriere ein Glück: Zwei schwere Autounfälle, die sie als risikofreudige Fahrerin verschuldet hatte, brachten sie 1935 vor Gericht. Einer Haftstrafe entging sie nach Meinung einiger Biografen nur durch die Intervention der Ufa, denn die brauchte ihren großen Star für die nächsten Produktionen.

Doch Helm drehte nur noch einen Film, »Ein idealer Gatte«, dann war 1935 Schluss. »Ich möchte mein privates Glück nicht länger einem zweifelhaften Kinoruhm opfern«, sagte Helm und meinte es auch so: 1936 heiratete sie den Großindustriellen Hugo Kunheim, bekam vier Kinder und zog in die Schweiz. In Ascona starb sie 1996 schließlich im Alter von 90 Jahren, in aller Stille und doch unvergessen.

BERLIN, GANZ UNTEN

1928 sorgten Schlägereien in der Hauptstadt
für Schlagzeilen. Der »Volksfreund. Tageszeitung für das werktätige Volk Badens« schickte
daraufhin einen Reporter auf Recherche.

Die »Berliner Unterwelt« an sich ist gewiss keine Erfindung fantasiebegabter Journalisten, aber
sie ist weit weniger wild-west-romantisch, wie
manche Zeitungsleser oft anzunehmen scheinen. Wenn man nachts zwischen zwei und drei
Uhr den düsteren, schmutzig-trostlosen Schlesischen Bahnhof betritt, wenn man durch die Gän-
ge schleicht und die Wartesäle absucht, sieht man
das nackte Elend der erbarmungslosen Riesen-
stadt. Da sind Obdachlose mit Gesichtern, die der
Hunger gezeichnet, die die Qual endloser Winter-
nächte verwahrlost hat. Auf Bänken hocken sie,
stumpfsinnig und immer halb im Schlaf. Sie zittern vor der »Polente«, die sie rausholt und in die
fressende Winternacht schickt …
Absteige an Absteige. Unfassbarer Schmutz. Ein
Kranz von Höhlen des Sexualgeschäfts, übel aus-
sehende Eingänge, ausgebrochene, verklebte

Scheiben und überall das ominöse, die ganze Nacht leuchtende Transparent »Hotel«.

Manchmal, wenn die Türen offen bleiben, sieht man mitten hinein in den Betrieb. Ein Kommen und Gehen, ein Verhandeln und Abschließen, als handle man mit Obst oder Herrensocken. Manchmal sind es nur drei Zimmer, mit denen gearbeitet wird. Aber der »Buff« rentiert sich. Die »Strichmädchen« haben in ihrer »Taxe« den Zimmerpreis meist schon einkalkuliert, die Wirte erhalten Prozente, die Mädchen haben feste Abschlüsse mit ihnen.

Einst war der »Koppenkeller« berühmt. Zur Inflationszeit, als halbseidene Jünglinge in Devisen und Geschäften aller Art machten, als die Milliarde ein Butterbrötchen wert war und sich die Friedrichstraße an der stumpfsinnigen Pornografie der Celly de Rheydt erlabte, fuhren die reichen Leute von Berlin W. im eigenen Auto vom Theater direkt zum »Koppenkeller«.

Der stämmige Wirt ist ja noch da, aber die reichen Leute sind weggeblieben. Am Klavier hockt ein Einarmiger, der einem schrecklich verstimmten Klavier Schlagermelodien entlockt. Wenn man ihn zu einer Molle einlädt, singt er ergreifend sentimentale Verbrecherlieder. Von Hamburg kommt etwas drin vor und der Polizei. Sie haben eben alle eine Sehnsucht im Herzen ...

Nun kommt ein Mädel herein, sehr stämmig, sehr ungeniert, und tanzt eine wilde, scharfe Sache, eine Art Apachentanz, zu der der Einarmige die Musik grölt. Ein Mann, der sich als Athlet vorstellt, macht seinen Oberkörper frei und läßt seine Muskeln prüfen. »Als Kind war ich glatt wie'n Aal«, sagt er. Worauf er mit etwas drohender Miene Honorare einsammelt ...

Der Autor Kurt Kaiser-Blüth, der hier für den »Volksfreund« schrieb, war in den Zwanzigerjahren Lyriker, Journalist und Verleger. Seine Schriften wurden 1933 verboten, er floh nach Frankreich. 1942 entkam er dort aus einem Zug, der ihn in ein nicht bekanntes Internierungslager »im Osten« überführen sollte. Kaiser-Blüth schloss sich der Resistance an und überlebte den Krieg.

DER SPASS IST VORBEI

Im Oktober 1929 brachen in New York die Börsenkurse ein. Das wirtschaftliche Beben vertiefte die Spaltung der Gesellschaft – und half den Nazis.

Von Till Hein

Eigentlich hatte der Mittelschullehrer Rudolf Kahn aus Holzminden an der Weser kein schlechtes Leben. Er war Anfang dreißig und vielseitig interessiert. In der Freizeit trieb er Leichtathletik. Er liebte Physik, alte Geschichte und las die Bibel. Mit 27 Jahren hatte er geheiratet, unlängst war er Vater geworden.

Doch die Lage in Deutschland war beunruhigend. Der Wirtschaftsaufschwung nach dem Ersten Weltkrieg, insbesondere nach 1923, hatte auf Krediten aus dem Ausland beruht – auf Schulden. Nun flaute er ab. Die Stimmung im Land verdüsterte sich. Und im Herbst 1929 ging ein gewaltiges Beben durch die Weltwirtschaft: Am 24. Oktober, dem »Schwarzen Donnerstag«, brachen an der Börse von New York die Kurse ein. Eine gigantische Aktienblase war geplatzt. Innerhalb von Stunden wurden riesige Vermögenswerte vernichtet. Panik griff auf den Kapitalmärkten um sich, weltweit geriet die Wirtschaft in eine schwere Krise.

Der Crash war das jähe Ende der »Goldenen Zwanziger«, die in Deutschland ja ohnehin nur an wenigen Orten so richtig hell geglänzt hatten. Der Frust derer, die sich schon seit Langem abgehängt fühlten oder nie den Anschluss an die neuen Zeiten gefunden hatten, mischte sich nun mit der Verzweiflung jener, die von der Krise hart getroffen wurden oder Angst vor sozialem Abstieg hatten. Nach Jahren, in denen die politische Lage halbwegs stabil gewesen war, witterten die Gegner der Republik von rechts wie von links ihre Chance, vor allem die Nationalsozialistische Deutsche Arbeiterpartei (NSDAP) versprach den Unzufriedenen Rettung. So stand die Weltwirtschaftskrise nicht nur am Ende der Zwanzigerjahre, sondern läutete auch das Ende der ersten deutschen Demokratie ein.

Denn Deutschland traf der Börsencrash besonders hart. Um ihre heimische Industrie zu stützen, zogen die USA Auslandskredite ab und errichteten Handelsschranken. Auch in Europa erstarkte der Protektionismus. Bis 1932 fiel das globale Handelsvolumen um 25 Prozent. Ein schwerer Schlag für die Exportnation Deutschland: Die Industrieproduktion sank um 40 Prozent, der Export um rund 60 Prozent.

Unternehmer drückten die Löhne, dennoch gingen viele Betriebe in Konkurs. Bereits im Winter 1929 waren drei Millionen Menschen ohne Job. Auch im beschaulichen Holzminden mit seinen 12 000 Einwohnern prägten Angst, Frust und Aggression den Alltag. »Arbeitslose stehen an Straßenecken, warten vor Arbeitsamt und Stempelstelle«, notierte Rudolf Kahn in einem Beitrag, den er 1934 zu einem Preisausschreiben einreichte, das ein amerikanischer Soziologe initiiert hatte. In den Beiträgen sollten Deutsche schildern, wie und warum sie zum Nationalsozialismus kamen. Kahn schrieb: »Abgehärmte, verbissene Gesichter! Die Reden voll Bitternis und Wut auf einen Staat, der die Menschen solches erleben lässt. Nieder mit diesem Staat!«

Die Krise überforderte die Sozialsysteme. Männer, Frauen, Kinder versanken in Not und Elend. Zehntausende bettelten, versuchten sich mit Tauschgeschäften durchzuschlagen oder verkauften ihren Körper. Vor Klöstern und Notküchen standen Hungernde Schlange. Die Kommunistische Partei Deutschlands (KPD) forderte den »Sturz der kapitalistischen Gesellschaftsordnung«. Rudolf Kahn war beunruhigt. »Um uns der Hetzschrei aufgepeitschter Massen«, schrieb er. »Geht es mit uns immer noch weiter bergab? Greift denn niemand in die schleifenden Zügel?«

Nicht nur Kahn im ländlichen südlichen Niedersachsen sehnte sich nach einer starken Hand. Immer mehr Menschen verloren den Glauben an die Demokratie. In der Provinz, fernab von Berlin, war die Wut auf Staat und Politik besonders groß. Die Steuerlast drückte. In der Landwirtschaft führte der technische Fortschritt zu Überproduktionen und Preisverfall. Viele Bauern waren verschuldet und kämpften um ihre Existenz.

Die Verzweiflung vieler Menschen nutzte die NSDAP besonders geschickt für sich. Die Hitler-Partei veranstaltete Tanzabende und »Bauernschulungswochen«. NS-Aktivisten sprachen die Menschen im regionalen Dialekt an und machten ihnen Hoffnungen. Gezielt umwarben die Nazis auch Meinungsmacher wie Pastoren oder Lehrer. Sogar Kinder gewannen sie als Sympathisanten. Wie Kahn dokumentierte auch die Gymnasiastin Lissy Schneider 1934 ihren Weg zum Nationalsozialismus. Ihre ausführlichen Schilderungen sind 2018 im Berlin Story Verlag erschienen.

Lissy wurde mit 13 Jahren während ihrer Sommerferien im Neandertal östlich von Düsseldorf für die NS-Bewegung rekrutiert. Einst waren Lissys Verwandte dort Bauern gewesen. Dann wurde die Schuldenlast ihrer Höfe so groß, dass sie aufgeben mussten. Wovon sollten sie jetzt leben? Lissys Onkel pilgerte zu Treffen einer örtlichen Nazigruppe. Begeistert erzählte er der Teenagerin vom »Führer Adolf Hitler« und der NSDAP, einer »gewaltigen Bewegung, in der Millionen deutsche Männer und Frauen für ein neues Deutsches Reich kämpfen«. Als der Onkel ihr ein Hitler-Foto schenkte, bewahrte sie das Bildchen wie eine Reliquie auf.

In Holzminden kam auch der Mittelschullehrer Rudolf Kahn mit Aktivisten der Nazibewegung in Kontakt. Er war beeindruckt von deren Entschlossenheit, sich der Krise entgegenzustemmen. Wieso andere Mitbürger noch immer passiv blieben, wo doch in ganz Deutschland »Millionen hohlwangig herumlaufen, um für ihre Kinder das Nötigste zu beschaffen«, konnte er nicht nachvollziehen.

Insbesondere der Friedensvertrag von Versailles aus dem Jahr 1919, der Deutschland zur Zahlung von 132 Milliarden Goldmark an die Siegermächte verpflichtet hatte (ursprünglich waren 226 Milliarden gefordert), war eine Steilvorlage für die Nationalsozialisten. Hitler rief zum Befreiungskampf auf, sprach von einer »Versklavung des Deutschen Volkes«. Es trieb ihm die aufgewühlten Menschen in die Arme. Auch den Lehrer Kahn, der sich vor allem um die verarmten Kinder sorgte. »Sie sind ja aber doch Deutschlands Zukunft!«, schrieb er. »Sind sie nicht auch schon mit in die Ketten des Versailler Tributplanes geschlagen? Es packt einen oft die Verzweiflung. Tribute und geldgierige Wucherer.«

Kurioserweise hatten ausgerechnet die Reparationen überhaupt erst zur kurzen Wirtschaftsblüte zwischen 1924 und 1928 geführt. Verträge mit den Siegermächten legten im August 1924 fest, dass Deutschland jährlich 2,5 Milliarden Goldmark abzahlen musste. Dadurch wurden Kredite für den deutschen Staat teuer – und für ausländische Anleger attraktiv. Insbesondere Investoren aus den USA deponierten ihr Geld bei Großbanken in Germany und finanzierten so – gut verzinst – die deutschen Kommunen und Unternehmen: Neue Wohnhäuser, Schwimmbäder und Musiktheater wurden errichtet. Nun aber, in der Rezession, waren die Reparationen nur noch eine Last.

Kahn vertiefte sich in Hitlers Programmschrift »Mein Kampf«, wo Verantwortliche für die prekären Verhältnisse benannt wurden: die Kommunisten und das »Weltjudentum«. Dem Lehrer leuchtete das offenbar ein. Um das Jahr 1930 schloss er sich der paramilitärischen Sturmabteilung (SA) der Nationalsozialisten an, die vor allem gegen die ebenfalls aufstrebende KPD kämpfte.

Überall in Deutschland hatten die Nazis Zulauf. Zwar waren die Sozialdemokraten mit mehr als einer Million Mitgliedern noch die stärkste politische Kraft. Mit ihren Appellen an die Vernunft und ihrem überalterten Personal verlor die SPD aber an Attraktivität. Immer mehr Arbeiter wandten sich der NSDAP oder den Kommunisten zu.

Die ökonomische Krise wurde zu einer politischen. Am 27. März 1930 trat die von der SPD geführte Regierungskoalition zurück. Reichspräsident Paul von Hindenburg ernannte Heinrich Brüning von der Zentrumspartei zum Kanzler. Doch die neue Regierung hatte keine parlamentarische Mehrheit, bald wurden Neuwahlen ausgerufen. Während des Wahlkampfs lieferten sich Linksextreme und Nazis Straßenschlachten. Im kleinen Ernstthal im Erzgebirge stach ein Kommunist einem NS-Stadtrat ein Auge aus, in Berlin wurde eine Kommunistin durch Revolverschüsse schwer verletzt. In Schwerte an der Ruhr starb ein Anhänger der KPD durch einen Stich ins Herz.

Die Gewalt schien sich bezahlt zu machen, für die rechten und linken Feinde der Republik. Bei der Reichstagswahl am 14. September 1930 erreichte die NSDAP – zwei Jahre zuvor noch eine Kleinstpartei – 18,3 Prozent der Wählerstimmen. Jetzt stellte die Hitler-Partei mit 107 Abgeordneten die zweitstärkste Fraktion hinter der SPD. Auch die KPD verzeichnete Gewinne. Mit 4,6 Millionen Stimmen brachten es die Kommunisten auf 77 Sitze im Parlament. SPD, Zentrumspartei und vor allem die Deutschnationalen verloren.

Obwohl die Wirtschaft weiter niederging, verweigerte Reichskanzler Brüning Konjunkturprogramme und fuhr eine strikte Sparpolitik. Staatliche Auftraggeber vergaben kaum noch Aufträge an die Industrie. Brüning erhöhte die Steuern und setzte per Notverordnung niedrigere Löhne durch. Sein Plan war es, Deutschland von der Last der Reparationen zu befreien. Am Elend der Menschen sollten die Siegermächte erkennen, dass das Land ökonomisch zu schwach war, um weiter zu bezahlen.

Doch diese Politik ging auf Kosten der Allgemeinheit. Unternehmer, Bauern, Handwerker verloren ihre Betriebe und standen vor dem Nichts. Familien konnten die Miete nicht mehr aufbringen. Sie hausten in Baracken, Erdlöchern oder ausrangierten Eisenbahnwaggons. Auch er stamme »aus ärmsten Verhältnissen«, machte Hitler den Verzweifelten Mut. Dank der NSDAP werde Deutschland zu neuer Stärke erwachen.

Dabei war genau das Gegenteil der Fall. Der Aufstieg der Nazis beunruhigte ausländische Investoren, die um die politische Stabilität fürchteten und ihr Kapital abzogen. Die deutschen Banken gerieten ins Schlingern. Am 13. Juli 1931 musste die Danat-Bank ihre Schalter schließen, das zweitgrößte Kreditinstitut des Landes war zahlungsunfähig.

Die Meldung vom Danat-Zusammenbruch versetzte die Kleinsparer in Panik. Ihnen steckten noch Inflation und Währungsreform von 1923 in den Knochen. Und wer die Wirtschaftskrise von 1929 unbeschadet überstanden hatte, musste jetzt schon wieder um seine Ersparnisse fürchten! In Massen stürmten die Menschen die Banken und hoben Geld ab. Die Danat-Pleite drohte weitere Kreditinstitute in den Abgrund zu reißen.

Alle deutschen Großbanken hatten in den Jahren zuvor unter hohem Wettbewerbsdruck ihr Eigenkapital stark gesenkt und dadurch an Stabilität eingebüßt. Die für die Währungspolitik zuständige Reichsbank wiederum war an den Goldstandard gebunden und konnte daher nicht – wie es von den Siebzigerjahren an vielen Nationalbanken möglich war – einfach zusätzliches Geld drucken und Privat- und Geschäftsbanken damit aushelfen. Die Geldmenge musste durch die Goldvorräte gedeckt sein.

Die Lage war hochbrisant. Reichskanzler Brüning ließ alle Banken für zwei Tage schließen. Dann pumpte er riesige Summen aus dem Staatshaushalt in die maroden Kreditinstitute: Mit fast einer Milliarde Reichsmark rettete er die Banken. Die Bevölkerung dagegen darbte weiter. Die Nachfrage sank, die Preise verfielen, immer mehr Firmen gerieten ins Straucheln. Aus der Rezession wurde Massenelend. Und mit dem wirtschaftlichen Niedergang ging der politische einher.

In Niedersachsen schwor im November 1931 ein SA-Führer den Mittelschullehrer Rudolf Kahn sowie Dutzende weitere Männer auf den bewaffneten Kampf ein. Anfangs klebte der Familienvater noch Wahlplakate, erledigte Schreibarbeiten und nahm an »Kameradschaftsabenden« teil. Schon bald aber wurde Kahn zum »Sturmführer« befördert. Nun befehligte er »40 wackere braune Kerls, die mir auf Gedeih und Verderb verbunden sind«.

Im Neandertal bei Düsseldorf wiederum wurde der Onkel der Gymnasiastin Lissy Schneider bei einer Auseinandersetzung seiner NS-Formation mit Kommunisten am Kopf verletzt. Von da an hasste sie das linke »Mordgesindel«. Zurück in Duisburg, wo sie mit ihren

Eltern lebte, versuchte sie, Klassenkameradinnen für Hitlers völkische Ideologie zu begeistern. Und im Sommer 1932, mit gerade mal 15 Jahren, gründete Lissy Schneider an ihrem Gymnasium einen NS-Schülerinnenbund. Innerhalb weniger Monate traten 40 Mädchen bei, so erinnerte sie sich später.

Offiziell waren im Februar 1932 mehr als sechs Millionen Menschen ohne Job. Die Dunkelziffer lag weit höher. Die Arbeitslosenversicherung war auf etwa 750 000 Erwerbslose angelegt. Tatsächlich waren aber wohl fast zehnmal so viele ohne Arbeit. Brüning strich die Unterstützungsgelder weiter zusammen, auf Kundgebungen beschimpften aufgebrachte Menschen den Reichskanzler als »Hungerdiktator«. Schließlich verlor Reichskanzler Brüning die Gunst Hindenburgs. Ende Mai 1932 wurde er entlassen. Wenige Wochen später ging sein Plan doch noch auf: Im Juli verzichteten die Siegermächte letztlich auf die ausstehenden Reparationszahlungen. Doch der Bevölkerung half das nicht spürbar.

Die Stimmung im Land war aufgeheizt. Allein im Juni und im Juli 1932 starben rund 300 Menschen bei Krawallen zwischen Kommunisten und Nazis. Am 17. Juli wurden beim »Altonaer Blutsonntag« während einer Straßenschlacht 16 Unbeteiligte von Querschlägern tödlich getroffen. Deutschland schien in einen Bürgerkrieg zu schlittern. Bei der Reichstagswahl am 31. Juli 1932 erhielten die Nationalsozialisten 13,8 Millionen Stimmen. Mit 37,3 Prozent wurde die NSDAP erstmals stärkste politische Kraft und zog mit 230 Abgeordneten in den Reichstag ein.

Arbeitslose machten ihr Kreuz mehrheitlich bei der KPD. Bei den meisten anderen Wählergruppen aber lagen die Nazis vorn, bei den Arbeitern und Angestellten ebenso wie bei den Hausfrauen. Sehr viele junge Menschen, die erstmals wählten, gaben Hitler ihre Stimme. Stärker als die tatsächlich Abgehängten und Verarmten fühlten sich jene angesprochen, die Angst um ihren Job und ihre Existenz hatten.

Zu ihnen gehörte auch der Lehrer Kahn. Der NS-Kampfverband SA, dem er angehörte, hatte im August 1932 bereits 455 000 Mitglieder. Kahn verbrachte große Teile seiner Freizeit mit den Kameraden in den braunen Hemden. Wer bei Schießereien oder Messerstechereien mit Kommunisten ums Leben kam, wurde als »Blutzeuge« zum Märtyrer stilisiert. So wollte Hitler die Mitglieder noch stärker zusammenschweißen. Auch Brünings Nachfolger, Franz von Papen und später Kurt von Schleicher, bekamen die Krise nicht in den Griff. Am 30. Januar 1933 ernannte Hindenburg Hitler zum Reichskanzler.

War die Wirtschaftskrise und der politische Umgang damit verantwortlich für den Erfolg des Nationalsozialismus? Sie trug einen Teil dazu bei: Eine florierende Wirtschaft hätte die Reparationszahlungen und den Einbruch der Exporte besser verkraftet, eine aktive Konjunkturpolitik die katastrophalen Auswirkungen der Krise wahrscheinlich mindern können. Doch die Weimarer Republik kollabierte nicht in erster Linie wegen des Sparkurses unter Heinrich Brüning. Verantwortlich waren diejenigen, die die Krise für ihre politischen Interessen instrumentalisierten. Und verantwortlich war vor allem das fehlende demokratische Bewusstsein in weiten Kreisen der Bevölkerung.

Millionen Menschen haben Hitlers Aufstieg ermöglicht. Auch die Gymnasiastin Lissy Schneider aus Duisburg oder der Pädagoge Rudolf Kahn aus Holzminden. »Wir haben zugepackt!«, schreibt Kahn am 19. August 1934. »Es ging darum, der bolschewistischen Mordfratze ein für alle Mal das lüsterne Grinsen abzugewöhnen und Deutschland vor dem Blutterror zügelloser Horden zu bewahren. Das ist gelungen.« Die Mordfratzen in den eigenen Reihen haben sie nicht gesehen.

SCHNELLES WISSEN

WARUM HEISST ES MANCHMAL »SCHWARZER DONNERSTAG« UND MANCHMAL »SCHWARZER FREITAG«?

In der amerikanischen Wirtschaftsgeschichte ist mit dem »Black Thursday« der 24. Oktober 1929 ge-

meint – der Tag der Panik an der New Yorker Börse, der den Börsencrash und zugleich die Weltwirtschaftskrise einleitete. Hierzulande wird er oft als
»Schwarzer Freitag« bezeichnet, weil die Auswirkungen die Börsen Europas erst am Folgetag erreichten.

»WIR KOMMEN ALS FEINDE!«

Noch 1928 war Hitlers NSDAP eine Splitterpartei. Wie wurde sie danach so schnell mächtig?

Von Uwe Klußmann

Die Parole auf den Plakaten, die zu einer Versammlung am 24. Februar 1920 in den großen Saal des Hofbräuhauses in München einluden, lautete: »Was uns nottut«. Veranstalter war die »Deutsche Arbeiterpartei« (DAP), eine rechtsextreme Kleinpartei. Das 25 Punkte umfassende Programm, dem die 2000 Teilnehmer der Versammlung jubelnd zustimmten, legte den Grundstein für die schrecklichste Partei der deutschen Geschichte.

Denn die DAP wurde an diesem Abend umbenannt in Nationalsozialistische Deutsche Arbeiterpartei (NSDAP). Viele ihrer Programmpunkte hätten auch von einer Linkspartei stammen können. So forderte die NSDAP die »Einziehung aller Kriegsgewinne«, eine »Gewinnbeteiligung an Großbetrieben« und die »Verhinderung jeder Bodenspekulation«. Auch versprach sie den »Schutz der Mutter und des Kindes« und einen »großzügigen Ausbau der Altersversorgung«. Aber im

Gegensatz zur Linken propagierte die NSDAP einen radikalen Nationalismus und Antisemitismus. Sie verlangte ein »Groß-Deutschland« und verkündete: »Volksgenosse kann nur sein, wer deutschen Blutes ist.« Die Schlussfolgerung war Rassismus: »Kein Jude kann daher Volksgenosse sein.«

Federführend beim Programm war der neue Parteivorsitzende Adolf Hitler, im Ersten Weltkrieg Gefreiter. In seinem in zwei Teilen 1925 und 1926 erschienenen Buch »Mein Kampf« definierte Hitler die NSDAP als »straff organisierte« und »willensmäßig einheitliche politische Glaubens- und Kampfgemeinschaft«. Deren »Parteidogmen« sollten »die neuen Staatsgrundsätze bilden«. Zur Staatspartei werde die NSDAP als »blindgehorsamste, bestgedrillte Truppe«. Das Programm, so der NSDAP-Chef, solle zur »Nationalisierung der Massen« dienen.

Er schrieb dies im Gefängnis in Landsberg am Lech. Dorthin hatte ihn sein im November 1923 in München gescheiterter Putschversuch gebracht. In dessen Folge war die NSDAP verboten worden – doch schon im Dezember 1924 kam Hitler wieder frei, und ab Februar 1925 war die Partei wieder legal. Gegenüber Rechtsextremen zeigten Behörden und Gerichte anders als bei Linken große Milde.

In »Mein Kampf« hatte Hitler die Partei als »antiparlamentarisch« definiert. Weshalb die Nationalsozialisten dennoch ins Parlament strebten, begründete der NSDAP-Propagandist Joseph Goebbels anlässlich seiner Wahl in den Reichstag 1928: »Wir kommen als Feinde! Wie der Wolf in die Schafherde einbricht, so kommen wir.« Damals war die Partei noch eine Randgruppe, die bei der Reichstagswahl im Mai 1928 gerade einmal 2,6 Prozent erhielt. Doch die Mitgliederzahlen stiegen kontinuierlich in den Jahren 1925 bis 1930 von 27 000 auf 130 000.

Zulauf hatte die Partei aus allen sozialen Schichten, auch von jungen Akademikern. Die sahen sich von einer überalterten Elite im Staat am Aufstieg gehindert. So gewann der Nationalsozialistische Studentenbund 1929 mehr als 30 Prozent der Stimmen bei den Wahlen zu den Allgemeinen Studentenausschüssen. Den Durchbruch zur Massenpartei erreichte die NSDAP mit dem Beginn der Weltwirtschaftskrise ab Ende 1929. Bei der Reichstagswahl im September 1930 erhielt sie 18,3 Prozent, bei der Reichstagswahl im Juli 1932 sogar 37,3 Prozent der abgegebenen Stimmen.

Gregor Strasser, als Reichsorganisationsleiter einer der wichtigsten Männer in der Partei, erklärte deren Erfolg im Mai 1932 in einer Reichstagsrede: Nicht Unzufriedenheit und auch nicht Nationalgefühl allein, sondern der Wunsch nach einer anderen Wirtschaftsordnung stünden seiner Ansicht nach hinter dem großen Zulauf: »Diese große antikapitalistische Sehnsucht ist ein Beweis dafür, dass wir vor einer ganz großen, vor einer grandiosen Zeitenwende stehen: die Überwindung des Liberalismus und das Aufkommen eines neuen Denkens in der Wirtschaft und einer neuen Einstellung zum Staat.«

EINMAL ZURÜCK, BITTE

Es gibt Orte, an denen die Zwanzigerjahre noch ziemlich lebendig sind. Natürlich in Berlin, wo sonst? Willkommen in der Zeitmaschine!

Von Markus Deggerich

Früher war mehr Lametta? Hier nicht, nicht an diesem Ort, der schon draußen vor der Tür in großen Lettern verspricht: »Seit 100 Jahren Hochbetrieb«. Das Plakat hängt an einer zerblätterten Fassade mit Originalkriegsschäden und echten DDR-Verfallsfolgen. Der morbide Charme war aber nie der Bourgeoise vorbehalten: »Clärchens Ballhaus«, in Berlins historischem Herzen, war immer zeit- und klassenlos.

Es empfängt alle Freunde der Nacht mit kunstvoll kitschigem Gold im großen Saal: goldenes Lametta an den Wänden, Lametta an der Decke. Es schwirrt in der vollgeschwitzten Luft, wirbelt wie die eng tanzenden Menschen auf dem alten Parkett, glitzert wie die sehnsüchtigen Augen der 20- bis 80-Jährigen, flattert wie die Kavaliere um ihre Tischdamen, rauscht wie die Hormone der Liebesuchenden, zittert wie der Bass des Liveorchesters, tropft wie die großen Biergläser jener, die sich an der Theke festhalten. Mit seinem Glanz umfasst das Lametta alle im Saal, der zu Recht unter Kennern als »Lichtsaal« firmiert, umschließt sie wie eine lichterne Zeitkapsel und nimmt sie mit in jene Jahre, die auf viele wieder so magnetisch wirken.

Clärchens Ballhaus ist auch deshalb ein Solitär, weil es sich immer treu geblieben ist: durch Diktaturen, Kriege und auch die Verwüstungen des Kapitalismus hindurch. Das vernarbte Haus in der Auguststraße hat sich nie umgeschminkt, tanzt bis heute durch eine bewegte Geschichte. Circa 1895 wurde es erbaut, 1913 öffnete hier das Ehepaar Fritz und Clara Bühler das Tanzlokal »Bühlers«. Schnell machten die Berliner »Clärchens Ballhaus« daraus, zu Ehren von Clara, die es bald allein führen musste.

Clara gehörte zu jenen starken Frauenfiguren, wie sie die Zwanziger hervorgebracht hatten: Sie wurden Unternehmerinnen und schnitten die letzten Zöpfe des Wilhelminismus ab, sie traten in Männerklamotten auf und genossen ihr Leben. Emanzipation war kein Kampfbegriff, sondern gelebte Realität. Über Generationen wird es weitergesagt im Ballhaus, das inoffizielle Motto des Hauses: »Ihre Zeit ist begrenzt, also verschwenden Sie sie nicht damit, das Leben eines anderen zu leben.«

Clärchens erste große Idee war der Witwenball: In zwei Sälen, dem Spiegelsaal im ersten Stock und dem Lichtwundersaal im Erdgeschoss, spielten Kapellen, mehrmals pro Woche kamen die jungen Älteren und tanzten Polka und Walzer, Foxtrott, Shimmy und Charleston. Witwenbälle waren keinesfalls nur Witwen vorbehalten. Vielmehr ging es darum, dass sich dort die »Weiblichkeit zur Unabhängigkeit bekennt«, wie es der Schriftsteller Curt Moreck formulierte. Das Ballhaus erfüllte eine soziale Funktion als Kontakthof. Den Ruf hat es bis heute bei einsamen Herzen.

Der zweite Erfolgsgarant war die Aufhebung von sozialen Unterschieden. Auch bis heute kann man im Ballhaus »Futtern wie bei Muttern«, echte Berliner Buletten, halb aus Rind- und halb aus Schweinefleisch, hübsch fluffig gehalten durch altes Weißbrot und Milch, sie isst man zum großen Bier – oder eben zum Champagner. Neid gibt es nicht, man gönnt, genießt und teilt.

Heinrich Zille, Berlins großer Milieuchronist, hatte hier seinen Stammplatz neben der Theke und zeichnete. Alfred Döblin ließ seinen Helden Franz Biberkopf das Clärchen zu seinem Stammhaus machen. Wie damals zieht das Ballhaus auch heute Kreative, Prominente und Vergnügungssüchtige an. Quentin Tarantino ließ hier in seinem Film »Inglorious Basterds« den Zweiten Weltkrieg enden, Tom Cruise drehte hier, die Maler der umliegenden Galerien laden nach Vernissagen gern hierher zur Nachfeier, das königliche Paar Kate und William aus Großbritannien bestand auf dem Ballhaus als Treffpunkt für ein Gespräch mit deutschen

Künstlern (angeblich ein Tipp von Kanzlerin Angela Merkel). Auch der SPIEGEL nutzt den Spiegelsaal im Obergeschoss für seine öffentliche Gesprächsreihe »SPIEGEL live« – oft mit anschließendem Tanz, bei dem sich Redakteure als DJs versuchen.

Aber all das ist letztlich nur Garnitur für den Mythos, Stoff für Legenden. Der hölzerne Charme des Ballhauses blieb über Jahrzehnte und Systeme hinweg erhalten, weil jede Generation immer wieder eine Weisheit befolgte: Entdecke das Einfache als das Besondere. Ekstase mit Stil. Oder wo sonst findet man noch echte Kellner im gestärkten weißen Hemd und schwarzer Weste, die sogar wissen, wie die Katze heißt, die gern um den alten Kachelofen streift.

Die Nachfrage nach dem Rausch der Zwanziger, dem Gefühl vom Tanz auf dem Vulkan, kann das Ballhaus allein schon lange nicht mehr decken. Als Partykonzept wird es sogar in andere Städte exportiert, etwa mit der Reihe »Bohème Sauvage«. Bei den Bällen an wechselnden Standorten herrscht Kleiderordnung, wer in Jeans nur mal gucken will, riskiert, an der Tür abgewiesen zu werden. Trotz saftiger Ticketpreise sind die Zwanzigerpartys wie im Berliner Wintergarten-Varieté meist schnell ausverkauft. In ihrem Windschatten hat sich ein Mode-, Frisuren- und Drogenmarkt wieder etabliert, der nah dran ist am Rausch von damals, auch wenn der Absinth, der heute wieder verkauft werden darf, in seiner Wirkung weit weg ist vom originalen

»Bohème Sauvage«: Beim Silvesterball der »Gesellschaft für mondäne Unterhaltung« starteten die Feiernden im Berliner Wintergarten am 31.12.2019 wie vor 100 Jahren in das neue Jahrzehnt. Die Partys im Stil von damals finden regelmäßig statt, inzwischen auch in Hamburg, Köln, Zürich und Wien. Der Dresscode ist streng, die Fantasie frei: Diven, Dandys und Dirnen swingen zu Livebands, schlürfen Absinth und zeigen viel Haut.

Knalleffekt. Und es ist anzunehmen, dass der Revival-Zirkus in den »Neuen Zwanzigern« noch größer wird.

Ausgerechnet 2020 jedoch erhält Clärchens Ballhaus eine Verschnaufpause, die Vergnügungssüchtigen müssen auf Alternativen wie die »Bohème Sauvage« ausweichen. Der neue Besitzer will renovieren und kündigte den alten Betreibern den Mietvertrag. Als das bekannt wurde, erreichten die Erregungswellen unter den Berlinern ungeahnte Höhen. Der Investor erklärte schnell, er wolle nur Toiletten und Küche auf den Stand der Zeit bringen. Ansonsten bleibe Clärchen, so wie sie ist: die ungeschminkte, zeitlose Schönheit des Berliner Nachtlebens, die Menschen verbindet. Und sei es nur für eine Nacht.

DER SOUND
DER »ROARING TWENTIES«

Auch musikalisch strotzte die Epoche vor Einfällen und Experimenten. Der Entertainer Robert Robert Kreis, ein leidenschaftlicher Fan der 20er Jahre, hat uns seine ganz persönlichen Top Ten zusammengestellt – Perlen, die heute kaum noch jemand kennt.

1. »Koks« von Hugo Fischer Köppe wurde durch den frühen Tonfilm »Ganovenehre« (1933) bekannt.

2. »Seit wann bläst deine Großmama Posaune?«, fragte Komponist Friedrich Hollaender 1930, »das hat die olle Frau doch früher nie getan.«

3. »Nebenbei« von Fritzi Massary. Die Österreicherin war ein gefeierter Star mit horrenden Honoraren.

4. »Das ist das Eigenartige bei der Frau«, fand Ernst Petermann 1928. Er meinte die Rippe.

5. »**Ein bisschen Französisch**« sprach die Französin Marcelle Rahna mit Sicherheit (1927).

6. »**Sie will nur Luftballons**«, und Hermann Feiner feierte das 1928 mit einem Tänzchen.

7. »**Heut' war ich bei der Frieda**«, gab Austin Egen 1927 zu.

8. »**Das Nachtgespenst**« ließ die Kapelle Rohrbeck 1930 stimmungsvoll spuken.

9. »**Du hast mir was versprochen, Kunigunde**«, mahnte Willi Kollo 1929. »Du weißt schon, was!«

10. »**Heut geh'n wir morgen erst ins Bett**«, plante Irene Ambrus 1928 ihre Partynacht – die Ungarin war Spezialistin für schlüpfrige Songs. Wie viele der genannten Künstler musste sie 1933 aus Deutschland fliehen.

Die Lieder können Sie sich auch anhören: www.bit.ly/1920-Charts

ANHANG

CHRONIK

DIE WICHTIGSTEN ENTWICKLUNGEN ZWISCHEN 1918 UND 1933

1918

18. Juli Eine alliierte Offensive zwingt Deutschland zum Rückzug an der Westfront. Die Heeresleitung fordert Ende September Waffenstillstandsverhandlungen und eine parlamentarische Regierung.

28. Oktober Matrosen beginnen zu meutern, in mehreren Städten brechen Aufstände aus, Arbeiter- und Soldatenräte übernehmen dort die Macht.

9. November Kaiser Wilhelm II. muss abdanken. Philipp Scheidemann (SPD) ruft die deutsche Republik aus.

1919

15. Januar Rosa Luxemburg und Karl Liebknecht werden von Freikorps-Angehörigen ermordet.

6. Februar Die neu gewählte Nationalversammlung tritt in Weimar zusammen.

11. Februar Friedrich Ebert wird Reichspräsident.

28. Juni Im Schloss von Versailles wird der Friedensvertrag unterzeichnet, der den Ersten Weltkrieg formal beendet.

14. August Die Verfassung der Weimarer Republik tritt in Kraft.

18. November Generalfeldmarschall Paul von Hindenburg lanciert die »Dolchstoßlegende«: Das Heer sei »im Felde unbesiegt«, aber durch »Feinde aus der Heimat« verraten worden.

1920

16. Januar In den USA wird die Herstellung und der Verkauf von Alkohol verboten. Das Verbot sorgt dafür, dass die Partykultur der »Roaring Twenties« in den USA einen subversiven Charakter bekommt.

24. Februar Adolf Hitler verkündet in München das Parteiprogramm der Deutschen Arbeiterpartei (DAP), die sich in Nationalsozialistische Deutsche Arbeiterpartei (NSDAP) umbenennt. Gefordert werden unter anderem die Aufhebung des Versailler Friedensvertrags und die Ausbürgerung von Juden.

13. März Der rechtsradikale »Kapp-Putsch« bringt die Weimarer Republik an den Rand des Bürgerkriegs. Reichspräsident Ebert ruft zum Generalstreik auf, SPD, KPD und Gewerkschaften stützen ihn. Im Ruhrgebiet nimmt die »Rote Ruhrarmee« den Kampf gegen rechtsradikale Freikorps auf. Am fünften Tag ist der Putsch abgewehrt.

Juni Hungerunruhen erschüttern mehrere deutsche Städte.

15. November In Genf findet die erste Vollversammlung des Völkerbundes statt, 42 Nationen beteiligen sich.

1921

29. Januar Die Alliierten setzen die Reparationszahlungen für Deutschland auf 226 Milliarden Goldmark fest. Die deutsche Regierung hält das für unerfüllbar, Nachverhandlungen folgen. Um den Druck zu erhöhen, besetzt Frankreich das Ruhrgebiet.

27. April Die Alliierten fordern jetzt 132 Milliarden Goldmark. Am Ende zahlt Deutschland in Geld- und Sachleistungen geschätzte 25 Milliarden Goldmark.

26. August Der Zentrumspolitiker Matthias Erzberger wird von Rechtsradikalen ermordet.

22. Oktober Der Film »Das indische Grabmal« wird uraufgeführt. Das Abenteuerdrama nach einem Roman von Thea von Harbou, die zusammen mit Fritz Lang auch das Drehbuch schrieb, weckt exotische Träume.

1922

4. März Der Film »Nosferatu« feiert Premiere. Ein Klassiker des Horrorgenres, der dem Stummfilm-Publikum so überzeugend erscheint, dass Gerüchte entstehen, Hauptdarsteller Max Schreck könnte wirklich ein Vampir sein.

24. Juni Rechtsextremisten ermorden Außenminister Walther Rathenau.

28. Oktober In Italien putschen sich Benito Mussolinis faschistische »Schwarzhemden« an die Macht.

4. November Der Brite Howard Carter findet in Ägypten das Grab des Pharaos Tutanchamun.

1923

11. Januar Belgische und französische Truppen besetzen das Ruhrgebiet. Die Alliierten werfen Berlin vor, den Reparationsverpflichtungen nicht ausreichend nachzukommen.

15. August Die erste große Bauhaus-Ausstellung in Weimar beginnt.

29. Oktober In Berlin funkt der erste Radiosender.

8./9. November Im »Bürgerbräukeller« ruft Adolf Hitler die »nationale Revolution« aus. An der Feldherrnhalle schlägt die bayerische Landespolizei den Aufstand nieder. Die NSDAP wird reichsweit verboten.

18. Juli Eine alliierte Offensive zwingt Deutschland zum Rückzug an der Westfront. Die Heeresleitung fordert Ende September Waffenstillstandsverhandlungen und eine parlamentarische Regierung.

28. Oktober Matrosen beginnen zu meutern, in mehreren Städten brechen Aufstände aus, Arbeiter- und Soldatenräte übernehmen dort die Macht.

15. November Die Inflation erreicht ihren Höhepunkt und ihr Ende: Anfang November kostet ein Brot etwa 420 Milliarden Mark. Zur Monatsmitte lässt die Reichsregierung eine neue Währung ausgeben. Offizieller Wechselkurs: 1 Rentenmark = 1000 Milliarden Papiermark = 0,24 Dollar. Bald können die Menschen wieder beim Bäcker einkaufen, ohne eine Schubkarre für das Geld zu benötigen.

1924

1. April Hitler wird zu fünf Jahren Festungshaft verurteilt, die er jedoch nicht absitzen muss. Am 20. Dezember wird er vorzeitig auf Bewährung entlassen – wegen »guter Führung«.

Juli / August Die Alliierten rücken von ihren hohen Reparationszahlungen ab, finanzieren den deutschen Wiederaufbau stattdessen über eine Anleihe von mehr als 800 Millionen Goldmark. Internationaler Geldfluss und Handel erholen sich, die Wirtschaft zieht an. Die Goldenen Zwanziger kündigen sich an.

4. Dezember Die erste Große Deutsche Funkausstellung (später Internationale Funkausstellung) öffnet in Berlin ihre Tore. Ihre größte Attraktion: das Radio.

1925

27. Februar Hitler gründet die NSDAP neu.

28. Februar Reichspräsident Friedrich Ebert stirbt.

26. April Paul von Hindenburg, einst Generalfeldmarschall und immer noch Monarchist, wird neuer Reichspräsident.

Juli / August Die Besetzung des Ruhrgebiets endet.

Oktober In den Verträgen von Locarno akzeptiert Deutschland seine im Versailler Vertrag definierte Westgrenze, im Osten behält sich das Reich den Anspruch auf Änderungen vor. Die Regelungen führen Deutschland zurück ins Geflecht der internationalen Beziehungen.

1926

24. April Mit dem deutsch-sowjetischen Freundschaftsvertrag beruhigt die Republik ihren östlichen Nachbarn.

3./4. Juli Auf dem zweiten Reichsparteitag der NSDAP schlägt Hitler wieder laute Töne an.

8. September Der Völkerbund beschließt die Aufnahme Deutschlands – auch ein Verdienst des Außenministers Gustav Stresemann. Der hat mit seinem französischen Amtskollegen Aristide Briand an der Verbesserung des Verhältnisses Deutschlands zu Frankreich gearbeitet.

18. November Großbritannien beschließt, seine Kolonien in das Commonwealth of Nations zu überführen – ein Bund weitgehend autonomer Staaten, nur formal an die Krone gebunden.

1927

10. Januar Die Originalfassung von Fritz Langs »Metropolis« feiert ihre Uraufführung.

29. Januar Die Bürgerblock-Regierung von Wilhelm

Marx bedeutet einen fortschreitenden politischen Rechtskurs. Im Laufe des Jahres wird das Redeverbot für Hitler fast überall aufgehoben. Gestärkt fühlen darf der sich durch Reichspräsident Hindenburg, der die deutsche Kriegsschuld negiert.

20. Mai Charles Lindbergh fliegt die »Spirit of St. Louis« allein über den Atlantik – eine weltweit gefeierte Pioniertat.

November Stalin setzt sich im Machtkampf in Moskau durch, entmachtet seine Konkurrenten. Damit ist die Sowjetunion endgültig auf dem Weg in die Diktatur. Stalin kann mit seinen »Säuberungen« beginnen, denen Millionen Menschen zum Opfer fallen werden.

1928

27. August Briand-Kellogg-Pakt: Der Kriegsächtungspakt von Paris erklärt den Angriffskrieg zum Verbrechen. Er ist ein zivilisatorischer Meilenstein, wird zunächst von 15 Nationen gezeichnet – Deutschland inklusive. 1928 ist das ein Friedenszeichen.

31. August »Und der Haifisch, der hat Zähne«: Die »Dreigroschenoper« von Bertolt Brecht und Kurt Weill wird in Berlin erstmals aufgeführt – und geht um die Welt. Auch kulturell spielt Deutschland wieder zunehmend auf der Weltbühne.

September Der Schotte Alexander Fleming entdeckt, dass in der Nachbarschaft eines Schimmelpilzes kaum Bakterien gedeihen. Er erkennt, was »Penicillium notatum« für die Medizin bedeuten könnte. Seine Entdeckung wird ihm den Nobelpreis einbringen – und in den folgenden Jahrzehnten Millionen Leben retten.

9. September Auf der Großen Funkausstellung in Berlin werden live die ersten Fernsehbilder der Geschichte gezeigt. Die »Mattscheibe« misst 10 x 8 Zentimeter.

1929

1. Mai Die Polizei schießt auf Teilnehmer einer nicht genehmigten KPD-Demonstration in Berlin, mehr als 30 Menschen sterben.

Juli Alfred Hugenbergs Deutschnationale Volkspartei (DNVP) und Hitlers Nationalsozialisten wettern gemeinsam gegen die »Versklavung des deutschen Volkes« durch den Young-Plan.

5. September Aristide Briand, Frankreichs visionärer Friedenspolitiker, trägt dem Völkerbund die Ideen vor, die er später als »Denkschrift über die Errichtung einer Europäischen Union« veröffentlicht. Er ist seiner Zeit Jahrzehnte voraus.

3. Oktober Außenminister Gustav Stresemann stirbt: der Mann, der Deutschland in die internationale Gemeinschaft zurückbrachte.

24. Oktober Der Black Thursday an der US-Börse erschüttert die Finanzmärkte. Die Weltwirtschaftskrise nimmt ihren Lauf.

1930

30. März Heinrich Brüning von der Zentrumspartei
wird Reichskanzler. Eine schrittweise Ausschaltung
des Parlaments und das Regieren mit Notverordnungen beginnen. Die weltweite Wirtschaftskrise befördert nationalistisches, protektionistisches Denken –
die Rechten profitieren davon.

14. September Bei der Wahl des Reichstags steigert
die NSDAP ihr Ergebnis von 2,6 Prozent (1928)
auf 18,3 Prozent – die Nazis sind nun zweitstärkste
Kraft.

1931

Januar bis Dezember Das Jahr hat ein zentrales Thema: Arbeitslosigkeit. Zugleich wächst die politische
Instabilität. Die Regierung Brüning regiert vielfach
durch präsidiale Notverordnungen. Am 7. Oktober
tritt sie zurück.

3. Juli Max Schmeling verteidigt seinen Titel als Box-
weltmeister.

1932

Februar Mit 6,128 Millionen erreicht die Zahl der
Arbeitslosen ihren Höchststand.

10. Apri Hindenburg wird erneut zum Reichspräsidenten gewählt.

1. Juni Hindenburg ernennt Franz von Papen (partei-
los) zum Reichskanzler. Der setzt auf eine deutsch-

nationalistische Regierung in einem autoritären Staatsgefüge.

20. Juli   Mit dem »Preußenschlag« setzt Hindenburg die geschäftsführende preußische Regierung ab. Damit geht die Staatsgewalt im größten Land der Republik auf die Reichsregierung über, ein entscheidender Schritt in Richtung Zentralisierung der Macht.

31. Juli   Bei der Reichstagswahl wird die NSDAP mit 37,3 Prozent der Stimmen stärkste Partei.

6. November   Erneut Wahl: Die NSDAP verliert, bleibt aber stärkste Partei. Neuer Kanzler wird Kurt von Schleicher, er wird sich knapp zwei Monate halten.

1933

30. Januar   Hindenburg ernennt Hitler zum Reichskanzler.

28. Februar   Nach dem Reichstagsbrand setzt Hitler die Grundrechte der Verfassung außer Kraft. Die erste demokratische Phase der deutschen Geschichte endet.

BUCHEMPFEHLUNGEN ZUM WEITERLESEN

SACHBÜCHER: EMPFEHLUNGEN DES HISTORIKERS DANIEL SCHÖNPFLUG

Philipp Blom: *Die zerrissenen Jahre 1918–1938*, **München: dtv, 2016.**
Ein Buch, das die Zeit lebendig und facettenreich beschreibt, aber auch Schlüssel zu ihrem Verständnis liefert. Es setzt ein mit der Beschreibung von Verletzungen nach Kriegsende und leitet daraus das Bedürfnis nach Stärke, Unverwundbarkeit, nach einem »neuen Menschen«, gar einem »Herrenmenschen« ab.

Nicolas Beaupré: *Deutsch-Französische Geschichte 1918–1933: Das Trauma des großen Krieges*, **Darmstadt: WBG Academic, 2009.**
Wunderbar, da es Deutschland mit Frankreich vergleicht. Hier geht es vor allem darum, wie Erfahrungen von Tod und Zerstörung das Leben der Zwischenkriegszeit überschatteten und den Neuanfang erschwerten.

David Clay Large: *Berlin. Biographie einer Stadt*, München: C.H. Beck, 2002.
Erzählt die Geschichte Berlins, darin auch fabelhaft die der Zwanziger. Zeigt, dass Berlin seit seiner Gründung um seinen Platz unter den Weltstädten kämpfen musste.

ROMANE: EINTAUCHEN IN DIE WELT DER ZWANZIGER – EMPFEHLUNGEN DER LITERATURWISSENSCHAFTLERIN SABINA BECKER

Marieluise Fleißer: *Eine Zierde für den Verein. Roman vom Rauchen, Sporteln, Lieben und Verkaufen*, Frankfurt am Main: Suhrkamp, 1975.
Die »Asketin im kurzgeschnittenen Haar« ist eine der emanzipiertesten Romanheldinnen der Zeit. Eine moderne Frau, die kompromisslos eine gleichberechtigte Partnerschaft fordert. Neue Sachlichkeit pur!

Irmgard Keun: *Das kunstseidene Mädchen*, Berlin: Ullstein, 2005.
Die Wirtschaftskrise entzieht der Girlkultur ihre Basis. Den kritischen Insiderblick auf den Traum von Millionen junger Frauen verbindet Keun mit einem Porträt der Metropole Berlin. Am Ende der Epoche zeigt sich noch einmal die kulturelle Innovationskraft des Jahrzehnts.

Hans Fallada: *Kleiner Mann – was nun?*, Berlin: Aufbau Taschenbuch, 1995.
Mit soziologischem Blick beschreibt Fallada die Lage der Angestellten, ihre politischen Vorstellungen und jene »Stehkragenmentalität«, über die sie sich fast verzweifelt von der Arbeiterschaft abzugrenzen suchen.

BILDBÄNDE: BLÄTTERN, GUCKEN, STAUNEN

Robert Nippoldt, Boris Pofalla: *Es wird Nacht im Berlin der wilden Zwanziger*, Köln: Taschen, 2017.
Im Stil einer Graphic Novel hat der Zeichner und Illustrator Robert Nippoldt das Nachtleben Berlins eingefangen: nur die Farben Schwarz, Weiß und Sepiabraun, produziert auf kartonhaftem Papier, inklusive CD mit Liedern aus der Zeit. Die Texte des Journalisten Boris Pofalla sind unterhaltsam wie informativ.

Detlef Berghorn, Markus Hattstein: *The Roaring Twenties. Die wilde Welt der 20er*, Darmstadt: Theiss, 2019.
Üppig bebildert, geht es thematisch einmal rund um die Welt und quer durch die Szenen der »Zwanziger-Hochburgen« von Chicago über Shanghai bis Tokio. Kunstströmungen wie Art Deco (o.), Surrealismus oder Dada, Jazz und Kabarett werden vorgestellt, man erfährt, was außerhalb Deutschlands damals so los war.

WEITERE BUCHEMPFEHLUNGEN

Nathalie Boegel: *Berlin. Hauptstadt des Verbrechens. Die dunkle Seite der Goldenen Zwanziger*, München: Penguin Verlag, 2019.

Hans Fallada: *Bauern, Bomben, Bonzen*, Berlin: Aufbau Taschenbuch, 1999.
»Falladas Buch ist die beste Schilderung der deutschen Kleinstadt, die mir in den letzten Jahren bekannt geworden ist«, schrieb Kurt Tucholsky.

Wieland Giebel (Hg.): *»Warum ich Nazi wurde« – Biogramme früher Nationalsozialisten*, Berlin: Berlin Story, 2018.
1934 schrieb der US-Soziologe Theodore Fred Abel mit Genehmigung von NS-Propagandaminister Joseph Goebbels ein Preisausschreiben aus. Deutsche sollten schildern, wie sie zu Nationalsozialisten wurden, »sodass das amerikanische Publikum sich aus realen, persönlichen Geschichten darüber informieren kann«. Abel sammelte 683 Berichte, die Tausende Seiten füllen. »Warum ich Nazi wurde« bricht die Materialfülle auf die aussagekräftigsten Biogramme herunter. Ein Zeitzeugnis der frühen NS-Zeit.

Mark Jones: *Am Anfang war Gewalt. Die deutsche Revolution 1918/19 und der Beginn der Weimarer Republik*, Berlin: Propyläen, 2017.

Daniel Siemens: *Sturmabteilung. Die Geschichte der SA*, München: Siedler, 2019.

AUTOR*INNENVERZEICHNIS

Nathalie Boegel ist Redakteurin bei SPIEGEL TV.

Markus Deggerich ist Redakteur im Ressort Leben des SPIEGEL.

Fiona Ehlers ist Redakteurin im Auslandsressort des SPIEGEL.

Hauke Friederichs ist freier Journalist in Hamburg.

Jan Friedmann ist SPIEGEL-Korrespondent in München.

Till Hein ist freier Journalist in Berlin.

Katja Iken ist Redakteurin im Ressort SPIEGEL Geschichte.

Nils Klawitter ist Redakteur im Wirtschaftsressort des SPIEGEL.

Uwe Klußmann ist Redakteur im Ressort SPIEGEL Geschichte.

Ulrike Knöfel ist Redakteurin im Kulturressort des SPIEGEL.

Joachim Mohr ist Redakteur im Ressort SPIEGEL Geschichte.

Bernd Oswald arbeitet als freier Journalist.

Frank Patalong ist Autor im Ressort SPIEGEL Geschichte.

Kristin Platt forscht am Institut für Diaspora- und Genozidforschung der Ruhr-Universität Bochum.

Eva-Maria Schnurr ist Leiterin des Ressorts SPIEGEL Geschichte.

Eva Thöne ist Redakteurin im Kulturressort des SPIEGEL.

Andreas Unger arbeitet als freier Journalist in München.

DANK

Entstehen konnte dieser Band nur, weil viele kluge und sorgsame Kolleginnen und Kollegen die Autor*innen unterstützt haben. Das von Cordelia Freiwald und Kurt Jansson geleitete SPIEGEL-Dokumentationsteam prüfte die Beiträge gewohnt sicher und umsichtig auf sachliche Richtigkeit. Mit unermüdlicher Freundlichkeit besorgten die Bibliothekare Johanna Bartikowski und Heiko Paulsen umfangreiche Fachliteratur.

Anke Wellnitz besorgte die Bildauswahl, Andrea Bombek kümmerte sich um die Bildrechte. In der Schlussredaktion prüften Gartred Alfeis, Lutz Diedrichs, Birte Kaiser, Sylke Kruse, Katharina Lüken, Sandra Pietsch und Sandra Waege den Text noch einmal auf Stimmigkeit. Heike Kalb, Kathrin Maas und Elke Mohr im Sekretariat sorgten für den reibungslosen Ablauf.

Rieke Gellert beim SPIEGEL und Julia Kompe bei der DVA haben das gesamte Buchprojekt betreut; für die Herstellung war Michelle Rosenstiel verantwortlich. Ihnen allen gilt unser herzlicher Dank für die rundum erfreuliche Zusammenarbeit.

Hamburg, im Frühjahr 2021
Joachim Mohr, Frank Patalong, Dr. Eva-Maria Schnurr

PERSONENREGISTER

BILDNACHWEIS

Kristin Haug
Verena Töpper

Mittagspause auf dem Mekong

Auswanderer über ihr
neues Leben in 28 Ländern

SPIEGEL
Buchverlag

Achtung, Fernweh!

Träumen Sie auch vom mobilen Home Office am anderen Ende der Welt? Wie wäre es, da neu anzufangen, wo es schön ist? Die Menschen in diesem Buch haben sich ihre Träume erfüllt. Vom Bed & Breakfast unter Palmen, davon, jeden Tag barfuß zu gehen – und vom schwimmenden Büro auf dem Mittelmeer. Ihre Geschichten inspirieren. Und wer nun selbst die Koffer packen will, findet zahlreiche Tipps sowie den ultimativen Selbsttest, um herauszufinden, ob das eigene Glück in der Ferne winkt!

PENGUIN VERLAG

Der SPIEGEL-Bestseller jetzt mit neuen Kolumnen!

Samer Tannous kam 2015 mit seiner Familie aus Damaskus und lebt seitdem im beschaulichen Städtchen Rotenburg an der Wümme. Dass das Leben in Deutschland deutlich anders sein würde als in der syrischen Heimat, darauf war Tannous vorbereitet. Aber wie vielfältig die kleinen und die grundsätzlichen Unterschiede zwischen Arabern und Deutschen sind, das erstaunt ihn immer wieder. Die Kolumne, die er mit Gerd Hachmöller schreibt hat deutschlandweit viele Fans – auch weil es Tannous und Hachmöller immer wieder gelingt, die mitunter seltsamen Eigenheiten der Deutschen ebenso treffend wie warmherzig einzufangen.